# Que(e)r zur Familie

Lebensentwürfe lesbischer Mütter

von

Birgit Sawatzki

Tectum Verlag
Marburg 2004

Umschlagfoto mit freundlicher
Genehmigung von Miriam Labuske

**Sawatzki, Birgit:**
Que(e)r zur Familie.
Lebensentwürfe lesbischer Mütter.
/ von Birgit Sawatzki
- Marburg : Tectum Verlag, 2004
ISBN 978-3-8288-8691-9

Tectum Verlag
Marburg 2004

Danksagung

Mein besonderer Dank gilt meinen Gesprächspartnerinnen, die sich Zeit für die Interviews nahmen und sich auf meine Fragen eingelassen haben.

Danke an viele hilfsbereite FreundInnen, die mich tatkräftig unterstützt haben: an Marietta, Margit und Melanie während des Endspurts. Des weitern danke an Miriam, Claud, Marietta und Klein- Lia für ihre Kreativität, an Heike, Steffi und Anne für ihre wertvollen Anmerkungen, an Karsten für seine Geduld und Hilfsbereitschaft. Danke an meine Professorin Dagmar Schultz, die mir Anregungen zum Thema gab und an Sie und Silke- Birgitta Gahleitner danke für ihre Ermutigung, mich auf die Arbeit mit Interviews einzulassen.

Ebenso richte ich ein herzliches Dankeschön an meine Mutter, die mir durch ihre finanzielle Unterstützung ermöglicht hat, mich über einen längeren Zeitraum mit meinem Thema zu beschäftigen.

Ein ganz besonderes Dankeschön an Grit, die mich zwar kritisch, aber unentwegt liebevoll über lange Zeit unterstützt hat. Und an Hierro für seine tierische Ruhe und Gelassenheit.

# Inhaltsverzeichnis

# Vorwort

*„In Berlin leben heute ca. 55% der Kinder und Jugendlichen bis zum Alter von 18 Jahren bei ihren beiden verheirateten Eltern, ca. 45% leben in anderen Familien- und Lebensformen."*[1]

Es haben sich in den letzten Jahren neben der traditionellen Kernfamilie, bestehend aus Mutter, Vater und Kind(ern), diverse weitere Familienmodelle entwickelt. Kinder leben in Ein- Eltern- Familien, Patchwork- Familien, wachsen mit hetero- oder homosexuellen, bi- oder transsexuellen Eltern und Pflege- oder Adoptivgeschwistern auf.

Auf die sich verändernden gesellschaftlichen Lebensformen reagierte der Gesetzgeber 1998 mit der Reform des Kindschaftsrechts. Dabei wurden jedoch lediglich die Rechte von Vätern nicht mit einander verheirateter Paaren gestärkt, u.a. fanden die Rechte von gleichgeschlechtlichen Eltern fanden keine Berücksichtigung. Dies ist eine deutliche Benachteiligung von homosexuellen Paaren mit Kindern gegenüber heterosexuellen Paaren mit Kindern.

Es gibt in Deutschland schätzungsweise eine Million lesbische Mütter und schwule Väter.[2] Es ist davon auszugehen, dass jede dritte Lesbe und jeder fünfte Schwule ein oder mehrere Kinder hat.[3] Überwiegend stammen die Kinder aus früheren heterosexuellen Beziehungen. Allerdings erfüllen sich lesbische Frauen zunehmend ihren Kinderwunsch durch Insemination. Sie realisieren ihre Pläne allein, mit Partnerin oder in anderen Konstellationen.

In der folgenden Arbeit beschäftige ich mich mit Lebensentwürfen lesbischer Mütter und Co- Mütter, die sich über Insemination ihren Kinderwunsch erfüllt haben. Meine Fragestellung konzentriert sich darauf herauszufinden, inwieweit die defizitären rechtlichen und gesellschaftlichen Rahmenbedingungen auf lesbische Mütter und deren Familienalltag Auswirkungen haben. Von besonderem Interesse ist dabei einerseits die Frage, welche Möglichkeiten es bei der derzeitigen Rechtslage für lesbische Mütter gibt, eine Insemination durchführen zu lassen. Andererseits interessiert mich die Zeitdauer, die lesbische Frauen benötigen, um ihren Kinderwunsch zu realisieren.

Im Folgenden möchte ich einen Überblick zum Aufbau meiner Arbeit geben. Sie ist in zwei Teile gegliedert. Der erste Teil (Kapitel 1-5) ist eine theoretische Auseinandersetzung mit dem Thema. Der zweite Teil (Kapitel 6-8) basiert auf Interviews, die ich mit lesbischen Müttern geführt habe.

---

[1] Schöttler, 2001, S. 6
[2] vgl. Outline, 2000, S. 21
[3] vgl. Bozett nach Lähnemann, 1997, S. 7

11

Im ersten Kapitel werden verschiedene Definitionen des Begriffs *Familie* vorgestellt und die m.e. bestehenden Defizite aufgezeigt.

Darauf folgt im zweiten Kapitel eine Begriffsdefinition des Terminus *Insemination*. Es werden Möglichkeiten für lesbische Frauen benannt, ihren Kinderwunsch auf diesem Wege zu realisieren sowie die Rahmenbedingungen einer *Insemination* aufgezeigt. Außerdem wird die Rechtslage zur Insemination in der Bundesrepublik, in anderen europäischen Ländern und den USA erläutert. Das Kapitel schließt mit einer Diskussion über Samenbanken und deren Relevanz für die Reproduktionstechnik.

Im dritten Kapitel nenne ich Formen *lesbischer Elternschaft* und diskutiere gesellschaftliche Vorurteile gegenüber selbiger anhand US- amerikanischer Untersuchungsergebnisse. Des weiteren gehe ich der Frage nach, ob lesbische Elternpaare eine egalitäre Rollenaufteilung in ihrem Alltag praktizieren und untersuche die Bindung zwischen den Müttern und ihren Kindern. Anschließend werden verschiedene lesbische Familienmodelle vorgestellt.

Im nächsten Kapitel beschäftige ich mich mit den Reaktionen von Seiten des unmittelbaren sozialen Umfelds und mit gesamtgesellschaftlichen Reaktionen auf *lesbische Elternschaft*. Ausführlich wird auf Reaktionen der Herkunftsfamilie(n), der lesbisch- schwulen Gemeinschaft, am Arbeitsplatz, der PädagogInnen im Kindergarten und in der Schule eingegangen.

Im fünften Kapitel wird die Rechtslage von lesbischen Eltern(paaren) in der Bundesrepublik, unter besonderer Berücksichtigung der Situation von Co-Müttern, behandelt. Ich gehe auf das Gesetz der Lebenspartnerschaft (LPartG) ein und untersuche dessen Regelungen für Eltern, insbesondere für die Co- Eltern. In diesem Zusammenhang nenne ich einige Unterschiede zwischen einer Lebenspartnerschaft und einer Ehe und gehe auf die Schwierigkeiten ein, die sich für lesbische Elternpaare, besonders jedoch. für die sozialen Mütter, aus der derzeitigen Gesetzeslage ergeben.

Teil zwei meiner Arbeit beginnt im sechsten Kapitel mit der Vorstellung meiner Gesprächspartnerinnen, den sich anschließenden Erläuterungen zur gewählten Interviewmethode sowie zu den Arbeitsschritten für die Interviewauswertung.

Im siebten Kapitel, der Interviewauswertung, gehe ich auf den Kinderwunsch lesbischer Frauen ein und versuche aufzuzeigen, unter welchen rechtlichen Bedingungen die Frauen ihren Wunsch realisieren. Dabei wird auf die Rolle des biologischen Vaters, des Samenspenders und der Bedeutung einer männlichen Bezugsperson eingegangen. Die Reaktionen der Umwelt auf lesbische Mutterschaft, die Rollenaufteilung von lesbischen Eltern(paaren), die Bindungen zwischen beiden Müttern und Kindern sowie die Entwicklung der Partnerinnen untereinander bilden weitere Aspekte in der Auswertung. Ein weiteres Thema ist die Rechtslage lesbischer Familien. Ich gebe zu Beginn jedes Unterkapitels einen Überblick, um an die

Thematik heranzuführen. Die Schwerpunkte der Unterkapitel habe ich nach Zitaten der Interviewpartnerinnen benannt.

Im Kapitel 'Diskussion der Ergebnisse' gehe ich abschließend auf meine Hypothesen ein und versuche, Ähnlichkeiten und Unterschiede zwischen diesen und den Ergebnissen der Interviews aufzuzeigen.

# 1 „Eine Familie ist eine Familie ist eine Familie"[4] – der Familienbegriff im Wandel

*„Es ist nicht mehr klar, ob man heiratet, wann man heiratet, ob man zusammen lebt und nicht heiratet, heiratet und nicht zusammen lebt, ob man das Kind innerhalb oder außerhalb der Familie empfängt oder aufzieht, mit dem, mit dem man zusammen lebt, oder mit dem, den man liebt, der aber mit einer anderen zusammen lebt, vor oder nach der Karriere oder mittendrin."* [5]

## 1.1 Traditionelle Definitionen von Familie

Der Begriff *Familie* ist über mehrere Jahrhunderte alt, im Laufe der Zeit hat sich seine Bedeutung teilweise verändert, oder zumindest erweitert. Es gibt zahlreiche Definitionen von dem Begriff *Familie*, darum werde ich nur einige wenige vorstellen.

Die Definition von Familie nach Meyers Großem Taschenlexikon lautet:

*„Bestimmte bedeutende Form der sozialen Gruppe, die in der heutigen Industriegesellschaft in der Regel aus den in einem Eheverhältnis lebenden Eltern und ihren (unselbständigen) Kindern besteht (Kernfamilie oder Kleinfamilie). Im allgemeinen Sprachgebrauch wird oft auch die Verwandtschaft als Familie bezeichnet. Beschränkt sich die Familie allein auf die Ehepartner (auch wenn die (erwachsenen) Kinder das Haus verlassen haben), spricht man von Gattenfamilie, fehlt ein Elternteil, von unvollständiger Familie, leben über die Kernfamilie hinaus noch (verwandte) Personen im Haushalt, von erweiterter Familie.*

*Die Familienformen sind abhängig von der jeweiligen Wirtschafts- und Sozialstruktur. In der Agrargesellschaft waren v.a. Formen der erweiterten Familie vorherrschend: 1. die generationale Familie, in der Söhne mit Frauen und Kindern unter der Herrschaft des Vaters verbleiben, und 2. Gemeinschaft mehrerer Kern- Familien, die Großfamilie, die dadurch entstand, dass die Söhne nach dem Tod des Vaters nicht auseinander gingen, sondern mit ihren Frauen und Kindern gemeinsam Grund und Boden des Vaters bewirtschafteten.*

*In früheren Gesellschaften hatte die Familie häufig Kultfunktionen (z.B. Ahnenkult), Gerichtsfunktionen (z.B. Blutrache), Schutzfunktionen (auch Altersversorgung durch hohe Kinderzahl) und wirtschaftliche Funktionen. Auf Grund zunehmender beruflicher Tätigkeit der Frau wird heute immer mehr die strikte Arbeitsteilung durch partnerschaftliche Lösung sich stellender Aufgaben ersetzt (Gefährtenfamilie)."* [6]

---

[4] Übernommen von Burkes´ gleichnamigen autobiographischen Roman von 1994
[5] Beck, 2001, S. 1
[6] Meyers Grosses Taschenlexikon, 1995, S. 309

Eine soziologische Definition von *Familie* stammt aus dem Wörterbuch der Soziologie:

*„Familie, bedeutsamste und verbreitetste Form der sozialen Gruppe; das Zusammenleben von mindestens 2 Generationen in einer (Primär- ) Gruppe charakterisiert Familie als eine soziale Lebensform besonderer Art. (...)*

*Familie erfüllt in unterschiedlicher Bedeutung die Funktionen der Fortpflanzung, der arbeitsteiligen Produktion und Versorgung, der Statuszuweisung bzw. der sozialen Placierung sowie der Sozialisation und sozialer Kontrolle. Heiratsregeln, Verwandtschaftssysteme sowie rechtliche, ökonomische, religiöse, kulturelle und soziale Regulierungen bestimmen das Partnerwahlverhalten und strukturieren dadurch sozial gebilligte Familienformen. Grundlage der Familie ist die Ehe, die sich soziologisch charakterisieren lässt durch die Legalisierung und Institutionalisierung der Produktion und Reproduktion sozialen Lebens, des Fortpflanzungsverhaltens sowie durch bestimmte Formen der wirtschaftlichen Zusammenarbeit. Nach der Größe der Familie unterscheidet man die Kern- oder Kleinfamilie (englisch: nuclear family), die sich auf die Ehepartner und ihre unmündigen Kinder beschränkt. (...)*

*Neben der Einehe (Monogamie) sind in zahlreichen Gesellschaften polygame Familienformen bekannt (Polygynie, Polyandrie). Die Autoritätsbeziehungen in der Familienstruktur können in Abhängigkeit von Bewertungen und Formen der sozialen Arbeitsteilung patriarchal (Vaterdominanz), matriarchial (Mutterdominanz) oder partnerschaftlich organisiert sein.(...)*

*Das partnerbezogene Zusammenleben heterosexueller Erwachsener, weiblicher Gebärfähigkeit und extreme Hilflosigkeit der Kinder bei der Geburt und in den ersten Lebensjahren werden oft als biologische Grundlegung der Familie bewertet und als Ausdruck ihrer „Natürlichkeit" und Universalität interpretiert. (...)."*[7]

Alle genannten Definitionen von *Familie* sollen einen Einblick vermitteln, wie traditionell der Begriff von diversen Seiten noch immer betrachtet bzw. verwendet wird. Meiner Meinung nach ist hier ein enormer Bedarf an Erweiterung des Begriffs von *Familie* erforderlich, da die Realität von mittlerweile gelebten Familienmodellen nicht kompatibel ist mit o.g. Definitionen.

---

[7] Hillmann, 1994, S. 213

Schneider setzt sich in seinem Buch mit „Figuren nichtkonventioneller Lebensformen" auseinander und benennt diese folgendermaßen:
Alleinwohnende, Partnerschaften mit getrennten Haushalten, Nichteheliche Lebensgemeinschaften, Gleichgeschlechtliche Partnerschaften, Kinderlose Ehepaare, Alleinerziehende, Fragmentierte Elternschaft: Stief-, Adoptiv-, Pflege- und Inseminationsfamilien und gewählte Familien wie Wohngemeinschaften und Mehrpersonenpartnerschaften.[8]

> *„Variiert wird hinsichtlich des Familienstands, der Elternschaft, des biographischen Timings und der Dauer von Lebensformen. Nicht variiert wird bis heute bezüglich der Partnerschaft. Obwohl es in der Gegenwartsgesellschaft keine konventionellen Lebensformen in dem Sinne gibt, dass man sich an einem bestimmten Leitbild orientieren muss, ist dennoch ein weithin ungebrochenes Muster auszumachen- die dyadische[9] Partnerbeziehung (....) ."[10]*

Die überwiegende Mehrheit der Menschen verbringt ihr Leben nicht allein lebend und nicht ohne feste Partnerschaft, sondern zieht es vor, in Form einer Zweierbeziehung zu leben. Ob Menschen heutzutage eine Ehe oder eine Lebenspartnerschaft eingehen oder sich aus verschiedenen Gründen generell nicht institutionalisieren lassen, gewollt oder ungewollt allein leben oder Wohngemeinschaften bevorzugen, ob mit Kindern oder nicht- in all diesen Bereichen gibt es gesellschaftlich größere Unterschiede als je zuvor.

## 1.2 Der Begriff Familie im heterosexuellen und homosexuellen Kontext

> *„Ehe und Familie stehen unter dem besonderen Schutz der staatlichen Ordnung. (Grundgesetz der BRD, Art. 6, Absatz 1)"[11]*

Der Staat ist demnach der Hüter von Ehe und Familie, steht aber in diesem Zusammenhang vor dem Dilemma, wie er mit nichtehelichen Lebensgemeinschaften politisch und juristisch verfahren soll. Mit „nichtehelich" wird eine Unterscheidung zur traditionellen Ehe gemacht; mit „nichtehelich" sind heterosexuelle Lebensgemeinschaften gemeint, demnach ebenso gleichgeschlechtliche Lebensgemeinschaften, da es keine Gleichstellung der Ehe für homosexuelle Paare gibt. Da jedeR ein Recht auf eine selbstbestimmte Lebensform laut dem Grundgesetz (Art.2,1) hat, dürften Lebensgemeinschaften, egal ob hetero- oder homosexuell, nicht diskriminiert wer-

---

[8] vgl. Schneider, 1998, S. 5
[9] „dem Zweiersystem zugehörend", aus: Fremdwörterbuch, 1994, S. 202
[10] Schneider, 1998, S. 19
[11] vgl. Lehmann, 1999, S. 9

den. Genau an dieser Stelle aber *„herrscht ein Widerspruch zwischen den gesellschaftlichen Veränderungen im Bereich Ehe und Familie und den derzeit herrschenden rechtlichen Grundlagen für das Zusammenleben Homosexueller."* [12]

Um dies aufzuzeigen, werde ich vorerst genauer auf den Begriff *Familie* eingehen, da der traditionelle Familienbegriff von der Kernfamilie Vater-Mutter- Kind ausgehend überholt ist. Die Lebensformen, in denen Kinder aufwachsen, haben sich verändert, das Zahlenmaterial diesbezüglich ist allerdings sehr unterschiedlich: während der *Mikrozensus* [13] davon ausgeht, dass 81% der Kinder bei ihren verheirateten Eltern aufwachsen (siehe genauer unter 1.1.3), sind es in Berlin angeblich 55% der Kinder und Jugendlichen, die bei ihren beiden verheirateten Eltern leben. [14]

Nach wie vor leben etwas mehr als die Hälfte aller Familien in traditionellen Familienkonstellation, die andere Hälfte aber setzt sich aus anderen Familienmitgliedern zusammen. Daher ist eine Annäherung an einen neuen Familienbegriff meiner Meinung nach immens wichtig.

Es gibt Familienkonstellationen aus der herkömmlichen Kernfamilie aus Mutter, Vater, Kind; nichtverheiratete Paare mit Kindern, entweder homosexuelle oder heterosexuelle Eltern. Und es gibt die Ein- Eltern- Familie, eine Familie aus einem Kind und einem Elternteil. Laut UNO- Definition bildet mittlerweile auch ein Elternteil mit Kind eine Familie. In Thüringen beispielsweise gibt es derzeit 116000 Alleinerziehende, eine Zahl, die nach Aussage der SPD-Pressereferentin Franziska Friedrich, stetig steigt. [15]

Weiter zu nennen sind Patchworkfamilien, wenn ein Elternteil Kinder mit in die Beziehung bringt, die die Partnerin/ der Partner dann mit versorgt und erzieht. Stieffamilien und Familien mit Adoptiv- und Pflegekindern sind weitere Familienformen.

Mit diesen vielfältigen Konstellationen, die sich in den letzten Jahrzehnten entwickelt haben, haben sich zum einen die Familienzusammensetzungen verändert oder erweitert, zum anderen aber auch die Bedürfnisse der jeweiligen Familienmitglieder. Beispielsweise der Wunsch nach rechtlicher Absicherung von Kindern, die in gleichgeschlechtlichen Familien aufwachsen, sowie die rechtliche Absicherungen für den sozialen Elternteil, um die Position lesbischer und schwuler Familien juristisch zu verbessern. Weitere Bedürfnisse sollen an dieser Stelle nicht berücksichtigt werden.

Um nochmals auf die Definitionen von Familie zurückzukommen, eine sehr weitgehende Definition des US- amerikanischen Hauswirtschaftsverbandes lautet:

---

[12] Knappe u.a., 2002, S. 1
[13] vgl. Mikrozensus nach Eggen, 2002, S. 67
[14] vgl. Schöttler/ Böger, 2001, S. 6
[15] vgl. Friedrich, 2002, S. 1

*„Zwei oder mehr Personen, die gemeinsam wirtschaften, gemeinsam Entschei-
dungen treffen, gemeinsame Wert- und Zielvorstellungen haben und einander
über einen bestimmten Zeitraum hinweg verpflichtet sind. Die Familie ist die
Atmosphäre, in der man heimisch ist, und es ist dieses Geflecht von Teilen und
Einander- verpflichtet- Sein, das den Familienverband am besten beschreibt,
ungeachtet von Blutsbanden, rechtlichen Aspekten, Adoption oder Heirat."* [16]

Für die Bundesrepublik kann derzeit folgender Familienbegriff als allgemein
anerkannt gelten:

*„Familie ist die umfassende Gemeinschaft zwischen Eltern und Kindern, seien
diese ehelich oder nichtehelich, minder oder volljährig, (...) Adoptiv-, Stief- oder
Pflegekinder."* [17]

Diese Definition ist nicht mehr so restriktiv wie die im vorherigen Kapitel
vorgestellten. Offengelassen wurde bisher, ob gleichgeschlechtliche Paare,
die zusammen leben, in die Gruppe der nichtehelichen Lebensgemeinschaften einbezogen werden. Nach Knappe gerät die Ehe als dauerhafte
Lebensgemeinschaft, definiert durch den Fortpflanzungszweck, durch die
große Zahl der nichtehelichen Lebensgemeinschaften mit Kindern und die
zahlreichen kinderlosen Ehen ins Wanken. [18]

Die sexuelle Orientierung der Eltern wird allerdings in keiner Definition berücksichtigt, obwohl deren Erwähnung u.a. im Zusammenhang von lesbischen Müttern, die sich durch gemeinsamen Entschluss über Insemination
ihren Kinderwunsch erfüllt haben, von Bedeutung ist.

Folgende Mängel treten somit auf: zum einen wird automatisch von heterosexuellen Eltern ausgegangen, es sei denn, es werde explizit erwähnt,
dass dem nicht so sei. Dieses Nicht- Erwähnt- werden stellt meiner Ansicht
nach eine Diskriminierung da.
Eine einheitliche, allgemeine Definition des Familienbegriffs gibt es bisher
nicht. Nach heutigem Verständnis ist eine Familie immer dann vorhanden,
wenn Erwachsene auf Dauer mit Kindern zusammenleben. *„Dieser Familienbegriff trägt einer gesellschaftlichen Realität Rechnung, in der Kinder in
den vielfältigsten Konstellationen des privaten Zusammenlebens aufwachsen. Er vernachlässigt jedoch die Familienkonstellationen, die ohne Kinder
leben. Daher wird Familie immer häufiger als der Ort definiert, an dem
Menschen füreinander Verantwortung übernehmen."* [19]

---

[16] Knappe u.a., 2002, S. 2ff.
[17] Knappe u.a., 2002, S. 3
[18] vgl. Knappe u.a., 2002, S. 3
[19] Ministerium für Justiz, Frauen, Jugend und Familie, 2002, S. 1

Die mir zur Verfügung stehenden Definitionen des Familienbegriffs haben durchweg die Familienkonstellation vernachlässigt, die ohne Kinder leben. Es besteht die Schwierigkeit, eine Definition zu finden, mit der sich alle Menschen, unabhängig vom Alter, vom Geschlecht, von der sexuellen Orientierung etc. identifizieren können. Gleichzeitig sehe ich aber die Notwendigkeit einer Definition, die genau dies möglich machen könnte. Zum einen, um sich mit dem Wandel der Familie beschäftigen zu können, zum anderen damit sich die Menschen „angesprochen" fühlen, die nicht zu den konventionellen Lebensformen zählen.

## 1.3 Familie in Zahlen

In der Bundesrepublik leben rund 21 Millionen Kinder. Nach Aussage von *Mikrozensus*[20] sind etwa 0,5 Prozent davon Kinder, die in gleichgeschlechtlichen Lebensgemeinschaften aufwachsen. Das wären rund 7000 Kinder unter 18 Jahren und etwa 8000 Kinder insgesamt. Rund 700 000 Schwule und Lesben in Deutschland leben laut einer Umfrage des nordrhein-westfälischen Familienministeriums mit Kindern zusammen.[21] Die Zahl der Alleinerziehenden liegt bei 14% bei Kindern unter 18. Jahren. Davon sind 12% Frauen, 2% Männer.[22]
Die häufigste Familienform der Kinder bleibt die, in der die Eltern verschiedenen Geschlechts und miteinander verheiratet sind.[23] Ehepaare mit Kindern machen 81% aus.

Im Jahr 1999 bezeichneten sich in der Bundesrepublik rund 41400 zusammenwohnende Paare als gleichgeschlechtliche Lebensgemeinschaften, 2000 gab es einen leichten Anstieg auf 47000.[24] Ebenfalls 2000 ist von 19,5 Millionen ehelichen und 2,1 Millionen nichtehelichen Lebensgemeinschaften mit verschieden-geschlechtlichen Partnerinnen/ Partnern die Rede. Damit sind 0,2 Prozent der Paargemeinschaften bzw. 2 von 1000 Paargemeinschaften homosexuell. Nach Schätzung der amtlichen Statistik müsste es in der Bundesrepublik etwa 146000 gleichgeschlechtlich orientierte zusammenwohnende Partnerschaften geben, also dreimal so viele, als sich in der Befragung offen bekannten.
Die Statistik geht also weiterhin von 47000 homosexuellen Paaren, die in einer Lebensgemeinschaft leben, aus. Davon hat jedes achte Paar Kinder, jedes zehnte minderjährige Kinder. Lebensgemeinschaften mit zwei Frauen und Kindern überwiegen gegenüber Lebensgemeinschaften von zwei

---

[20] vgl. Mikrozensus nach Eggen, 2002b, S. 1
[21] vgl. Niederberghaus, 2001, S. 1
[22] vgl. Eggen, 2002a, S. 67
[23] vgl. Knappe u.a., 2002, S. 5
[24] Die Zahlen wurden von Mikrozensus erhoben, der europaweit größten repräsentativen Bevölkerungsstichprobe.

Männern und Kindern. Sechs von zehn Kinder wachsen in Lebensgemeinschaften mit zwei Frauen heran. Insgesamt sind es rund 8300 Kinder, die in gleichgeschlechtlichen Familien leben. Die Anzahl der Kindern wird wesentlich höher geschätzt. Mögliche Gründe können sein: Eltern haben sich während der Befragung möglicherweise nicht als homosexuell zu erkennen gegeben; Kinder, die allein mit ihrer lesbischen Mutter oder ihrem schwulen Vater zusammenleben sind nicht erfasst. Hinzu kommen Kinder, die homosexuelle Eltern haben, diese aber weiterhin in ehelichen oder nichtehelichen Lebensgemeinschaften leben. Werden diese Überlegungen berücksichtigt, gehen Schätzungen von 25000 Kindern, die in gleichgeschlechtlichen Lebensgemeinschaften leben aus.[25]

In diesem Zusammenhang bleiben mehrere Faktoren unklar. Zum einen, wodurch die Elternschaft der Kinder begründet ist (durch Insemination, Adoption, Pflegschaft oder eine heterosexuelle Beziehung eines Elternteils), zum anderen gibt es keine Angaben bezüglich biologischer und/ oder sozialer Elternschaft.

Im nächsten Kapitel wird auf lesbische Familienplanung eingegangen. Ich werde erläutern, welche Möglichkeiten lesbische Frauen(paare) haben, sich ihren Kinderwunsch durch Insemination (künstliche Befruchtung) zu erfüllen.

---

[25] vgl. Eggen, 2002a, S. 65-70

# 2 Vom Kinderwunsch zum Wunschkind durch Insemination

## 2.1 Die Entscheidung zum Kind

*„Eine kleine, in den letzten Jahren auch in Deutschland zunehmende Zahl von Lesben entscheidet sich für biologische Elternschaft, manchmal gemeinsam mit Schwulen oder Schwulenpaaren. Sie treffen diese Entscheidung als bewusst, und offen lebende Lesben/ Schwule und meist mit einer Partnerin bzw. einem Partner gemeinsam, mit der/ dem sie in einer auf Dauer angelegten Partnerschaft leben. Das Kind ist ein ausgesprochenes Wunschkind, die Eltern haben sich in der Regel gründlich darauf vorbereitet- und das sind vermutlich gute Voraussetzungen für ein behütetes Aufwachsen und die Förderung der kindlichen Entwicklung.“* [26]

### 2.1.1 Hintergründe zur biologischen und sozialen Mutterschaft

Laut einem Artikel in der *Zeit* denken 40 von 100 Lesben an Nachwuchs[27], doch bevor sie sich damit auseinandersetzen, auf welchem Weg sie schwanger werden könnten, gehen dem Überlegungen voraus, in welcher Zusammensetzung sie eine Familie gründen (wollen). Entweder planen Lesben alleine, zusammen mit ihrer Partnerin, oder mehrere Frauen entscheiden gemeinsam ein Kind zu versorgen und zu erziehen, oder andere Lesben planen allein oder als Paar gemeinsam mit schwulen Freunden eine Familie zu gründen. Es gibt zahlreiche weitere Familienkonstellationen, dessen eingehendere Untersuchung aber den Rahmen der Arbeit sprengen würde.
In diesem Kapitel werde ich mich nur mit Lesben beschäftigen, die zur Zeit der Kinderplanung ein Liebespaar waren und bei der Planung entschieden haben, welche von beiden das Kind bekommen wird.

Wenn innerhalb einer Partnerschaft zwischen zwei Frauen ausschließlich eine einen Kinderwunsch hat, es für die andere jedoch unvorstellbar ist, mit einem Kind zu leben, kann die Existenz ihrer Beziehung ins Wanken geraten. Jedoch selbst wenn beide Frauen einen Kinderwunsch verspüren, gibt es genügend Themen, die sie diesbezüglich in Gesprächen zu klären haben. Bevor beide Frauen darüber sprechen, auf welchem Weg eine von ihnen ein Kind bekommen könnte, machen sich viele Lesben Gedanken darüber, wie es ihrem Kind in einer heterosexuell dominierten Gesellschaft mit zwei lesbischen Müttern gehen wird. Lisa fragte sich und ihre Partnerin

---

[26] Lähnemann, 1997, S. 52
[27] Niederberghaus, 2001, S.2

in diesem Zusammenhang: *„Würde das Kind nicht diskriminiert werden?"*[28], wenn die Umwelt mitbekommt, dass ihr Kind zwei Mütter hat.

*„Wenn man sich überlegt, ob man Kinder möchte, wird einem deutlich, dass ein gesellschaftliches Vorurteil existiert, das sagt: Lesben und Schwule sind nicht in der Lage, Kinder gut zu erziehen. Als ich darüber nachgedacht habe, bin ich auf dieses Vorurteil in mir selbst gestoßen. Diese internalisierte Homophobie* [29] *muss man für sich erkennen und sich davon lösen, um sich für ein Kind entscheiden zu können."*

Ich möchte diese Aussage nicht verallgemeinern und behaupten, jede Lesbe und jeder Schwule mit Kinderwunsch stellt ähnliche Überlegungen wie Lisa an, fand es dennoch höchst spannend, dass so ein Prozess ablaufen kann, bevor es an die konkrete Kinderplanung geht.

Im Zuge der Planung muss geklärt werden, welche von beiden das Kind bekommen wird; damit hat das Frauenpaar zu entscheiden, welche biologische und welche soziale Mutter[30] sein wird. Zum anderen ist damit verbunden, dass sich eine der Frauen mit dem Status der Co- Mutterschaft auf nach wie vor rechtlich dünnem Boden bewegen wird. Eine Co- Mutter ist derzeit in der Bundesrepublik rechtlich gesehen ganz und gar abhängig von der biologischen Mutter. Die biologische Mutter kann mit Vollmachten der Partnerin Verantwortung für alltägliche Dinge übertragen. Seit August 2001 gibt es die Möglichkeit, eine auf Dauer angelegte Partnerschaft/ Lebensgemeinschaft eines Lesben- oder Schwulenpaares durch die Eingetragene Partnerschaft abzusichern. Welchen Einfluss diese Möglichkeit auf die gemeinsame Erziehung von Kindern und insbesondere die Situation von Co- Elternschaft hat, werde ich im 5. Kapitel eingehender untersuchen.

Die rechtliche Gleichstellung für sogenannte Regenbogenfamilien[31] ist noch nicht erfolgt. Eine Co- Mutter hat beispielsweise nach einer Trennung rechtlich bisher keine Möglichkeit, z.D. das Umgangsrecht einzuklagen. Das heißt, falls die biologische Mutter den Umgang mit dem gemeinsam geplanten Kind verweigert, sieht der Gesetzgeber bisher von einem Umgangsrecht ab, da eine soziale Mutter mit dem Kind *„weder verwandt noch verschwägert und wie eine Fremde zu behandeln sei. Die OLG- Richter erklärten, die Partnerin (die Co- Mutter, A.d.A.) habe zu dem Kind keinerlei*

---

[28] von Zglinicki, 2002, S. 92
[29] Laut Fremdwörterbuch heißt Homophobie „krankhafte Angst vor und Abneigung gegen Homosexualität" (Fremdwörterbuch, 1994, S. 576)
[30]Der Einfachheit halber verwende ich im weiteren Verlauf der Arbeit für biologische Mütter den Begriff Mütter, für nicht biologische Mütter die Begriffe soziale Mütter oder Co- Mütter.
[31] Der Begriff wurde übernommen von Kämper, 2001

*rechtliche Beziehung."[32]* In Hamm wurde einer Co- Mutter mit dieser Begründung ein Umgangsrecht verweigert.[33]

In jedem Fall setzt diese gewählte Form der Elternschaft eine immense Vertrauensbasis beider Partnerinnen zueinander voraus.


## 2.1.2 Gründe für die Aufteilung in biologische und soziale Mutter

Die Entscheidung, welche Frau das Kind gebären wird, hängt häufig mit äußeren Rahmenbedingungen zusammen. Vorausgesetzt beide Frauen sind gesund, könnten sie im Gegensatz zu heterosexuellen Paaren beide das Kind austragen. Trotzdem spielen persönliche Beweggründe wie das Alter und die Konstitution, der Wohnort, der Beruf, das Einkommen und der Wunsch, eine Schwangerschaft selbst zu erleben, eine oftmals entscheidende Rolle.

Meine bisherigen Erfahrungen haben gezeigt, dass es sehr unterschiedliche Beweggründe für die letztendliche Entscheidung gab. Entweder hatte ausschließlich eine das Bedürfnis, schwanger zu werden oder aber es wurde pragmatischer entschieden, dass die Frau mit dem gesicherteren Einkommen soziale Mutter wurde.


## 2.1.3 Die Rolle des biologischen Vaters bzw. Samenspenders

Ein weiteres Thema ist die Frage, auf welchem Weg eine lesbische Frau schwanger werden kann. In dem Zusammenhang gilt es zu klären, welche Rolle der potenzielle Spender spielen soll. Möchten beide Frauen, dass sie dem Kind später zeigen können, wer der biologische Vater ist; möchten sie, dass dieser Samenspender eine aktive Rolle in der Kindererziehung spielt und Verantwortung für das Kind übernimmt; ist es der Wunsch, dass sie das Kind alleine aufziehen möchten, und lieber einen Spender hätten, der keine rechtlichen Ansprüche an das Kind stellt oder wollen sie einen anonymen Spender? Ich denke, dass diese Diskussion einen großen Raum einnimmt, und gut überlegt sein will. Einige Lesben haben Bedenken in Bezug auf eine anonyme Samenspende, wollen ihrem zukünftigen Kind sagen können, wer sein Vater ist.[34]

Es gilt abzuwägen ob es für eine Co- Mutter bzw. ebenso für die Beziehungsdynamik eines Lesbenpaares eventuell leichter ist, ausschließlich zwei Mütter zu haben, und sich nicht zusätzlich mit einer dritten Person einigen zu müssen.

Im nächsten Teil wird ausführlich auf die Möglichkeiten eingegangen, wie lesbische Frauen eventuell ihren Kinderwunsch erfüllen können.

---

[32] Ebel, 2001, S. 21
[33] vgl. Ebel, 2001, S. 21; Das Urteil ist vom 05.09.00.
[34] vgl. Lehmann, 1999, S. 12

## 2.2  Mutterschaft durch Insemination

## 2.2.1 Begriffsdefinition Insemination

> „Bei einer Insemination wird das Sperma mit Hilfe einer Spritze ohne Nadel
> oder mit einem Schlauch in die Scheide injiziert. 'Inseminare' heißt übersetzt
> 'einsäen', 'befruchten' (von lat. 'semen' = 'Samen'). Da viele Frauen den Termi-
> nus 'künstliche Befruchtung' ablehnen, weil er ihrer Meinung nach einer männli-
> chen Sichtweise entspringt, hat sich inzwischen die Bezeichnung 'Insemination'
> als scheinbar neutralere bzw. abstraktere durchgesetzt. Zwei Arten der Insemi-
> nation sind zu unterscheiden: die heterologe Insemination mit 'fremdem' Samen
> von einem anonymen Spender oder einem Mann, mit dem die Frau nicht ver-
> heiratet ist, und die homologe Insemination mit 'bekanntem' Samen, nämlich
> dem des Ehemannes. Häufig wird die Insemination mit der In- vitro- Fertilisation
> verwechselt, einer reinen Labormethode, bei der Ei und Samen zunächst im
> Reagenzglas miteinander verschmolzen und dann erst der Frau in den Uterus
> eingesetzt werden."[35]

Inseminationen gelten im offiziellen Medizinbetrieb als Sterilitätsbehandlung und gehören somit in den Bereich der Reproduktionstechnologie. Unter 2.4.3 wird die Thematik der Reproduktionstechnologie diskutiert.
Das Embryonenschutzgesetz § 9 (EschG) ist bisher das einzige Gesetz,
dass den Umgang mit Inseminationen regelt. Die Bundesärztekammer hat
zur Insemination „Richtlinien über die künstliche Befruchtung" entwickelt.
Diese sind kein Gesetz, dennoch werden sie von den meisten Mediziner-
Innen beachtet. Darin heißt es, dass Inseminationen zum einen auf Sterili-
tätsbehandlungen beschränkt werden sollen, zum anderen, dass heterologe Inseminationen- das heißt die Befruchtung einer Frau mit dem Samen
eines Mannes, der nicht ihr Ehemann ist- nur bei verheirateten Frauen
durchgeführt werden sollen.[36] Eine heterologe Insemination, d.h. die Befruchtung mit Spendersamen (auch donogene Insemination genannt) ist in
der Bundesrepublik nur in hierfür vorgesehenen Krankenanstalten erlaubt.[37] Die Krankenkassen zahlen keine heterologe Insemination. Die homologe Insemination, die Befruchtung mit dem Samen des Ehemannes,
wird von den Kassen übernommen.

Diese Rechtslage bedeutet für Lesben, dass sie nicht damit rechnen können, in der Bundesrepublik eineN MedizinerIn zu finden, der oder die eine

---

[35] Thiel, 1996, S. 23
[36] vgl. Streib, 1996, S. 16 und Koch, 2001, S. 1ff
[37] vgl. Grünebaum, 2002a, S. 1

Insemination vornimmt. In jedem Fall müssen sie die Kosten selber tragen.[38]

Traditionell besteht die Vorstellung, dass ausschließlich die Zeugung durch heterosexuellen Geschlechtsverkehr „natürlich" sei und damit als „normal" und als Norm angesehen wird. Andere Wege der Befruchtung werden mit Misstrauen betrachtet. Um an dieser Stelle eine Diskussion darüber zu vermeiden, was als „natürlich" und was als „künstlich" anzusehen ist und wie dies jeweils bewertet wird, verwende ich im weiteren Kontext ausschließlich den Begriff *Insemination*. [39]

### 2.2.2 Selbstinsemination

Selbstinsemination kann jede Frau erlernen und praktizieren. Sie sollte genau über den Zeitpunkt ihres Eisprungs Bescheid wissen. Die Frau oder ihre Partnerin[40] sollte das Sperma frühestens drei oder vier Tage vor dem Eisprung und spätestens am Tag des Eisprungs vaginal einführen. Wichtig ist, frisches Sperma innerhalb von zwei bis drei Stunden zu benutzen. Über die einzelnen Schritte der Selbstinsemination geben u.a. Broschüren zum Thema Auskunft. Eine ist beispielsweise über das Feministische Frauengesundheitszentrum (FFGZ) Köln zu beziehen.[41]

Die Insemination kann auf diverse Arten durchgeführt werden: Mit Hilfe eines Kondoms, in dem das Sperma enthalten ist, bringen dies die Frau/ Frauen vor die Vagina und stülpen es vor dem Gebärmutterhals um. Oder das Sperma wird mit einer Spritze aufgezogen, und diese vaginal eingeführt und bis an den Gebärmutterhals geschoben. Dieser Vorgang ähnelt dem Einführen eines Tampons. Eine weitere Variante ist, mit einer Gebärmutterhalskappe oder Portiokappe das Sperma direkt am Gebärmutterhals zu platzieren und dort zu halten.[42] Die Selbstinsemination ist zum einen gut zu handhaben, zum anderen bietet sie den Vorteil, zu Hause eine angenehmere Atmosphäre zu schaffen als in einer Klinik. Ein weiterer Aspekt ist, dass es kostengünstiger ist. Einige Frauen integrieren die Insemination in ihr Liebesspiel; laut einiger Handbücher steigert ein Orgasmus den Erfolg einer Insemination.[43]
Die Sperm Bank of California schickt Sperma auch nach Übersee, z.B. nach Deutschland. Allerdings ist tiefgefrorenes Sperma 20- 30% weniger

---

[38] vgl. Streib, 1996, S. 16
[39] vgl. Lähnemann, 1997, S. 51
[40] Da ich mich im Folgenden fast ausnahmslos auf lesbische Frauen(paare) beziehe, wird ausschließlich der weibliche Sprachgebrauch genutzt.
[41] vgl. Lehmann, 1999, S. 29
[42] vgl. Streib, 1996, S. 19
[43] vgl. Thiel, 1996, S. 27ff.

effektiv als frisches; folglich werden Frauen mit frischem Sperma eher schwanger.[44]

## 2.2.3 Fremdinsemination

Der Vorgang der Insemination in einer Klinik ähnelt dem einer Selbstinsemination. Die Frau wird allerdings untersucht; ihre Empfängnisbereitschaft wird getestet, der Zyklus beobachtet und Blutuntersuchungen werden durchgeführt. Nach Erledigung aller medizinischen Voruntersuchungen und rechtlichen Formalitäten erhalten die Frauen mit Kinderwunsch zur Eisprungbestimmung einen Test, mit dem der LH- Wert (luteinisierende Hormon) im Urin festgestellt werden kann. Die Insemination wird an dem Tag durchgeführt, wenn das luteinisierende Hormon im Urin messbar ist.

> *„Dabei führt die Ärztin einen saugglockenartigen Plastikadapter von etwa drei Zentimeter Durchmesser, der mit aufbereitetem Spendersamen gefüllt ist, an den Muttermund und saugt ihn dort an. Der Samen kommt so vor den Muttermund zu liegen und wird dort festgehalten. Der Adapter soll einige Stunden dort belassen werden, wobei das mit einer Plastikklemme verschlossene Zuführungsschläuchlein ein Stück aus der Scheide ragt, ohne die Patientin zu behindern. Vor dem Schlafen gehen soll der Adapter dann durch Öffnen der Plastikklemme und durch Herausziehen am Schläuchlein entfernt werden."* [45]

Hier ist die Rede von der *Patientin,* bei der eine Insemination durchgeführt wird. Dieser Begriff ist in diesem Zusammenhang kritisch zu betrachten. Eine Frau ist während ihres Klinikaufenthaltes einerseits Patientin, dennoch stilisiert der Begriff *Patientin* sie als eine Frau, die nicht gesund ist, die sich aufgrund ihres Gesundheitszustandes ärztlich behandeln lassen muss. Da diese Zuschreibung von Krankheit hier fehl am Platz ist, bräuchte es einen anderen Begriff, der genutzt werden könnte. Eine Möglichkeit wäre, den Begriff *Klientin* zu verwenden.

Eine Lesbe mit Kinderwunsch kann sich innerhalb der Bundesrepublik z.B. an das Feministische Frauengesundheitszentrum (FFGZ) in Berlin wenden. Dort ist eine Liste der Samenbanken erhältlich. Sie wird regelmäßig aktualisiert.[46]

---

[44] vgl. Streib, 1996, S. 15
[45] Grünebaum, 2002a, S. 2
[46] vgl. Lehmann, 1999, S. 45 und Feministisches Frauengesundheitszentrum e.V. (FFGZ), 1999

28

## 2.3    Inseminationsmöglichkeiten

Wenn sich eine Lesbe entschließt, sich ihren Kinderwunsch durch Insemination zu erfüllen, muss sie davon ausgehen, dass es ziemlich lange dauern kann, bis sie schwanger wird. Lesbische Frauen müssen diverse Überlegungen anstellen und genau planen, wie es zu einer Schwangerschaft kommen soll. Für sie kommt es meist nicht in Frage, direkt auf einen Mann als „Samenspender" zurückzugreifen, der ihnen eine Schwangerschaft ermöglicht.
Laut Streib müssen folgende Überlegungen in ihre Planung einbezogen werden, wenn eine Lesbe keinen (gelegentlichen) Sex mit Männern praktiziert:

> ➢ Wie und wann passt ein Kind in meinen Lebensentwurf?
>
> ➢ Soll der Spender bekannt oder anonym sein?
>
> ➢ Wie soll der Kontakt zwischen Spender und Kind aussehen?
>
> ➢ Möchte ich das Kind alleine oder zusammen mit einer Geliebten oder einer Freundin aufziehen?
>
> ➢ Soll der Spender eine Vaterrolle übernehmen?
>
> ➢ Möchte ich die Insemination zu Hause selbst durchführen oder ärztliche Unterstützung in Anspruch nehmen?
>
> ➢ den Zeitpunkt des Eisprungs herauszufinden (z.B. durch Temperaturmessen und Beobachtung des Vaginalsekrets)
>
> ➢ die Suche nach einer Klinik, einer Samenbank oder einem Spender [47]

Folgende Möglichkeiten sind denkbar: Insemination mit Sperma von einem bekannten oder unbekannten Spender, entweder privat vermittelt oder über eine Samenbank. Es gibt die Möglichkeiten einer Selbstinsemination, durch eine dritte Person oder die Insemination in einer Samenbank oder einer Klinik. Eine weitere Variante ist durch heterosexuellen Geschlechtsverkehr mit einem Bekannten oder einem Unbekannten; dieser wird in die Pläne der Frau eingeweiht oder nicht.

Jede Methode hat ihre Vor- und Nachteile. Zu bedenken sind u.a.:

> ➢ „die eigenen Überzeugungen: Was kann ich mir, dem Kind und meiner Umwelt gegenüber vertreten?
>
> ➢ die rechtlichen Bedingungen und Folgen: Wie abgesichert will ich gegenüber einem Samenspender bezüglich Umgangsrecht und der Samenspender gegenüber mir und dem Kind bezüglich Unterhalt sein?
>
> ➢ die finanzielle Situation: Samenbanken sind mit Kosten verbunden.

---

[47] Streib, 1996, S. 14

29

> die gesundheitlichen Forderungen: Wie versichere ich mich gegen ein AIDS-Risiko oder weitere gesundheitliche Bedenken?"[48]

Die Form der lesbischen Elternschaft durch Insemination erfordert in erster Linie die Klärung, auf welchem Weg eine lesbische Frau schwanger werden könnte. Damit im Zusammenhang steht die Frage, ob es ein anonymer oder bekannter Spender sein soll; ob sich die Frauen einen Mann wünschen, der eine aktive Vaterrolle einnimmt bzw. ob es einen solchen Mann im Bekanntenkreis gibt, mit dem sich die Vorstellungen von gemeinsamer Elternschaft decken. Auf die Gründe für die Wahl des jeweiligen Spenders gehe ich unter 2.3.4 ein.

Wenn die Wahl auf einen bekannten Spender fällt oder eine gemeinsame Familienplanung mit einem potenziellen Vater gewünscht ist, sollten sich alle Beteiligten über rechtliche Angelegenheiten informieren, und das Lesbenpaar sollte sich vorher mit dem potenziellen Spender darüber einig sein, wie sich alle Beteiligten ihr Vorhaben zukünftig vorstellen.

Möchten sich Lesben zu einer Insemination in einer Klinik oder einer Samenbank informieren, sollten sie eine persönliche Checkliste erstellen, um bei den Instituten gezielt nachfragen zu können:

> "Woher kommt das Sperma?
> In welchem Rahmen kann ich den Spender mit aussuchen?
> Besteht die Möglichkeit, Sperma für Geschwisterkinder zurückzulegen?
> Wie lange?
> Kann ich mir Sperma nach Hause schicken lassen?
> Wie geht das im Einzelfall?
> Wie oft muss ich in das Institut kommen?
> Kooperiert das Institut mit einer Frauenarztpraxis hier?
> Kann ich die Durchführung auch zu Hause machen?
> Was kostet die ganz Behandlung?
> Was kosten einzelne Teile z.B. die Eingangsuntersuchung, jede einzelne Spende, die Verschickung?"[49]

---

[48] Lehmann, 1999, S. 17
[49] Burmeister- Ruf, 2002, S. 63

## 2.3.1 Vor- und Nachteile einer Insemination zu Hause

Der Vorteil einer Selbstinsemination ist, dass die Frauen zu Hause in ihren eigenen Räumen sein können, und sich wahrscheinlich viel wohler fühlen als in einer Klinik. Sie sind nicht gezwungen, für eine Insemination in ein anderes Land zu fahren. Wie schon erwähnt, ist eine Insemination bei einer Ärztin unzulässig, da sie innerhalb der bundesdeutschen Gesetzgebung nur für verheiratete Frauen zugänglich ist. Die Frauen sind darauf angewiesen, sich an ihren fruchtbaren Tagen auf Reisen zu begeben, um inseminieren zu können. Das erfordert viel Zeit, Geduld und Kosten. Dieser Aufwand entfällt, wenn die Frauen an ihrem Wohnort bleiben können.

Von Nachteil ist, dass die Frauen erst einmal einen Mann finden müssen, der zu einer Samenspende bereit ist. Diese Suche nimmt häufig enorm viel Zeit in Anspruch. Zum einen jemanden zu finden, zum anderen auf die Zu- bzw. Absage des Mannes zu warten. Diese Situation kann anstrengend und nervenaufreibend sein. Wenn der gewünschte Mann zugesagt hat, müssen sich die Frauen verbindlich auf ihn verlassen können, da sie darauf angewiesen sind , dass er sich nach ihren fruchtbaren Tagen richtet.
Ein weiterer Nachteil kann sein, dass sich der biologische Vater möglicherweise nicht an getroffene Absprachen hält. Wenn beispielsweise vereinbart wurde, dass der Mann ausschließlich Spender ist, er später aber plötzlich Ansprüche an das Kind erhebt, geraten die Frauen unter massiven Druck. Sie können dem Mann zwar verwehren, Kontakt zu dem Kind aufzubauen, letztlich kann er aber ein Umgangsrecht gesetzlich einfordern. In solchen Fällen können die Mütter nicht verhindern, dass der biologische Vater mit dem Kind verkehrt, auch wenn zum Zeitpunkt der Planung andere Entscheidungen verabredet wurden. Ebenso sind schriftliche Vereinbarungen vor Gericht nichtig.

Das Elternrecht ist eines der stärksten Rechte in der Bundesrepublik. Das heißt, dass RichterInnen bisher immer der biologischen Mutter und dem biologischen Vater ein Umgangsrecht zugestehen, es sei denn, ein Elternteil gefährdet das Wohl des Kindes. Liegt dies nicht vor, wird beiden Elternteilen der Umgang mit dem Kind gestattet.

Bei der derzeitigen Rechtssprechung bekommen zwei Lesben, die ein Kind gemeinsam geplant haben, nicht die gemeinsame elterliche Sorge im Gegensatz zu heterosexuellen Elternpaaren, unabhängig ob verheiratet oder nicht. 1998 wurde das Kindschaftsrecht reformiert; seitdem besteht die Gemeinsame Elterliche Sorge für verheiratete und nichtverheiratete Paare. Das Thema Lesbische Elternpaare mit Kindern und deren Rechtslage in der Bundesrepublik und in anderen Ländern wird im 5. Kapitel weiter erläutert.

## 2.3.2 Vor- und Nachteile einer Klinik

Der Frau bleibt die Suche nach einem Spender erspart. Zudem untersucht die Klinik den potentiellen Spender; er wird z.B. auf sexuell übertragbare Krankheiten, HIV- Infektion und nach bestimmten Erbkrankheiten untersucht. Außerdem wird eine Sperma Analyse durchgeführt.

Ein Vorteil für viele Frauen ist außerdem, dass die Anonymität des Spenders gewährleistet ist. Die meisten Kliniken in den Niederlanden führen nur anonyme Spender. In Großbritannien sind sogar alle offiziellen Spender anonym. In beiden Ländern wird derzeit über eine Änderung diskutiert. Die Spenderdaten sollen eventuell gesetzlich dokumentiert werden, damit Kinder die Möglichkeit haben, mit Volljährigkeit ihren biologischen Vater aufzusuchen. Wenn sich die Frau für einen anonymen Spender entscheidet, kann sie davon ausgehen, dass dieser Spender keinerlei Ansprüche an das Kind geltend machen wird. Gemeint ist hier das Umgangsrecht, welches ansonsten jeder biologische Vater einklagen kann. Das Kind hat allerdings überhaupt keine Möglichkeiten, jemals Kontakt zu seinem biologischen Vater aufzunehmen.

In manchen Kliniken gibt es Kataloge, in denen die Spender u.a. nach Ethnie, Hautfarbe, Haar- und Augenfarbe, Gewicht, Größe und Blutgruppe aufgeführt sind. Einen solchen Katalog finde ich äußerst fragwürdig, möchte diese Thematik dennoch unter 2.3.3 diskutieren.

Ein Nachteil der Insemination in einer Klinik ist, dass die potenzielle Mutter als Patientin betrachtet wird, die eine medizinische Behandlung benötigt. Dazu die kritische Aussage einer Lesbe, die eine Insemination in einer holländischen Klinik hat durchführen lassen:

> *„Das ganze war sehr teuer und sehr erniedrigend, einerseits hatte ich ständig das Gefühl, etwas Illegales zu tun und andererseits ging es nicht um mich als Person, sondern nur um Geschäftemacherei. Dort herrscht ein regelrechter Inseminationstourismus. Dementsprechend verlief auch das sogenannte Beratungsgespräch- einfach lächerlich. Im nachhinein empfinde ich es als Zumutung von unserem Gesetzgeber, Frauen in eine solche Lage zu bringen. Du kannst Dir sicherlich vorstellen, dass es unter dieser psychischen Belastung nicht funktioniert hat.“*[50]

Es gab in der Bundesrepublik schon vereinzelt die Möglichkeit, als Lesbenpaar in einer Arztpraxis eine Insemination durchführen zu lassen. Ein Paar beispielsweise berichtet von deren Überwindung in Praxen anzufragen, ob diese eine heterologe Insemination durchführen. *„'Wir sind ein Frauenpaar, machen Sie das auch für uns?' Als schließlich eine Ärztin Ja sagte, konnte*

---

[50] Sohre, 1998, S. 8/ 9

Jeanette der Auskunft kaum trauen. Sie rief wieder an: 'Meinen Sie das wirklich?' 'Ja. Es ist theoretisch denkbar. Wir müssen miteinander reden, kommen Sie her.'"[51] Da die Samenspende in Deutschland anonym bleiben musste, werden ihre Kinder keine Chance haben, ihren Vater kennen zu lernen. Aus diesem Grund plädieren einige Mütter für eine Gesetzesänderung, um das den Kindern zu ermöglichen.

### 2.3.3 Ausländische Samenbanken

Es gibt keine Samenbanken in Deutschland. In einigen Staaten der USA sind Samenbanken sehr verbreitet und mit Hilfe der neuen Zukunftstechnologien lassen sich sowohl das Geschlecht als auch die Erbanlagen eines Babys bestimmen. Es ist demnach möglich, ein Wunschkind nach Maß zu bekommen. US- amerikanische Samenbanken führen beispielsweise im Internet ausführliche Porträts ihrer Spender an. Die Käuferin erfährt, ob die Haut des Erzeugers Leberflecken oder Sommersprossen hat, wie es um seine Konfession und seine Karrierechancen bestellt ist. Ein IQ- Test ist bei Nachfrage ebenfalls erhältlich. Die Sendung kostet etwa 375 US- Dollar. Für einen Aufpreis von 180 US- Dollar besteht sogar die Möglichkeit, das Geschlecht des künftigen Kindes zu wählen. Eine Anleitung zur Selbstbefruchtung liegt bei.[52] Ich finde diese kontrollierte Art und Weise einer Kinderplanung sehr fragwürdig, möchte das Thema aber erst unter 2.4.3 diskutieren.

### 2.3.4 Gründe für die Wahl des Spenders

Es gibt keinen allgemeingültigen Weg, den eine Lesbe mit Kinderwunsch gehen kann. Es gibt ganz unterschiedliche Möglichkeiten; jede muss den für sie angemessenen herausfinden, und sollte diesen vor ihrem Kind vertreten können.
Eine entscheidende Rolle kann spielen, ob der Spender anonym oder bekannt sein soll. Viele Lesben suchen in ihrem Freundes- und Bekanntenkreis nach einem geeigneten Spender. Da sich entweder niemand findet oder Frauen Absagen erhalten, entscheiden sie sich oft aus pragmatischen Gründen für eine Klinik. In den USA und in den Niederlanden gibt es einige Kliniken, die zwischen "Yes- Donor" und "No- Doner" unterscheiden. "Yes" bedeutet, dass der Spender damit einverstanden ist, dass seine Identität dem Kind mit Volljährigkeit mitgeteilt wird. Er erklärt sich damit einverstanden, dass das Kind ihn gegebenenfalls kennen lernen möchte. Die Identität ist ausschließlich für das Kind zugänglich. "No" bedeutet, dass der

---

[51] Zglinicki, 2002, S. 77
[52] vgl. Grünebaum, 2002b, S. 1

Spender anonym bleiben will; folglich keinen Kontakt zu dem Kind wünscht. Die Sperm Bank of California ist eine der wenigen Samenbanken innerhalb der USA, die zwischen "Yes- Spendern" und "No- Spender" unterscheidet. Damit lässt sie die Möglichkeit einer Kontaktaufnahme zwischen dem Kind und dem Spender offen. Dort gibt es 50% "Yes- Spender"; 80% der Lesben bevorzugen einen "Yes- Spender".[53] Lehmann spricht von A- und B- Spender. Der Fachausdruck für die Spender ist Donoren. In diesem Zusammenhang gilt zu erwähnen, dass ein Spender in keinem Fall seine Vaterschaft einklagen kann.[54] Diese Möglichkeit ist für viele Lesben enorm wichtig, da sie ihrem Kind erklären möchten, dass es einen biologischen Vater gibt. Andere entscheiden sich bewusst für einen anonymen Spender, da sie die Notwendigkeit auf ein Recht des Kindes bezüglich der Abstammung nicht teilen Außerdem haben Lesben durch die prekäre Rechtslage für die Co- Mütter (darauf gehe ich im 5. Kapitel genauer ein) Bedenken, dass der Spender nicht abgesprochene Vaterrechte, sprich ein Umgangsrecht, möglicherweise gerichtlich einklagt. Die Partnerin der biologischen Mutter, die Co- Mutter, hat dagegen kein gesetzliches Recht auf Umgang mit dem Kind. Es gibt Lesbenpaare, die es als ausreichend empfinden, wenn das Kind zwei Mütter hat. Andere wünschen sich zumindest einen sozialen Vater für ihr Kind. Was es für die Frauen und den sozialen Vater genau bedeutet, eine soziale Vaterschaft zu übernehmen, ist Absprache aller Beteiligten. Soziale Vaterschaft heißt zumindest, dass ein Mann, der nicht der biologische Vater eines Kindes ist, Verantwortung für ein Kind übernimmt und sich als dessen Bezugsperson versteht. Wie schon erwähnt, gilt es zwischen den Müttern und dem sozialen Vater zu klären, wie viel Verantwortung der Mann für das Kind übernehmen wird.

Wiederum haben andere Lesben die Vorstellung, dass der Spender gleichzeitig auch eine Vaterrolle haben soll. Welche Rolle er im Leben des Kindes spielen wird, sollte vorher mit allen zukünftigen Bezugspersonen abgeklärt werden. Es ist ratsam, dass sich alle Beteiligten genau darüber im klaren sind, wie die Beziehung zwischen dem Kind und dem biologischen Vater aussehen soll. Geklärt werden sollte zudem, ob der Mann in die Geburtsurkunde eingetragen wird. Damit wird er gegenüber dem Kind unterhaltspflichtig. *„Ob nun als lesbisches Paar oder in anderen Familienkonstellationen, es empfiehlt sich in jedem Fall, so weit wie möglich, bevor das Kind gezeugt (....) wird, verbindlich zu verabreden, welche Rolle die beteiligten Personen in Bezug auf die Kinder haben sollen. Möglicherweise ist es hilfreich, diese Verabredung auch schriftlich zu fixieren."* [55]

---

[53] vgl. Streib, 1996, S. 21
[54] vgl. Lehmann, 1999, S. 51
[55] Burmeister- Ruf, 2002, S. 57

Gelegentlich wünschen sich Lesbenpaare auch einen Samenspender aus dem Verwandtenkreis der sogenannten Co- Mutter, also derjenigen Frau, die das Kind nicht zur Welt bringt. Diese Konstellation hat den Vorteil, dass die Co- Mutter auch biologisch mit dem Kind in Verwandtschaft steht. Ist z.b. der Spender der Bruder, ist die Co- Mutter biologisch betrachtet die Tante, die Großeltern und alle anderen Verwandten sind auch biologisch die Großeltern oder Verwandten. *„So lässt es sich dann trefflich darüber sinnieren, aus welchem Familienzweig die guten oder schlechten Eigenschaften sind."*[56] Meiner Meinung nach sollte in die Überlegungen der potenziellen Mütter die Perspektive des Kindes Berücksichtigung finden. Wie wird es für ein Kind sein, wenn der biologische Vater der Bruder der sozialen Mutter ist? Eine Auseinandersetzung diesbezüglich halte ich für unumgänglich bei einer Kinderplanung lesbischer Mütter.

## 2.4   Rund um die Insemination

### 2.4.1 Kosten und Rahmenbedingungen

Für Lesben ist jede Insemination kostenpflichtig; Krankenkassen übernehmen die Behandlung ausschließlich für verheiratete Frauen und nur zur Sterilitätsbehandlung. Laut dem Familienbuch des Lesben- und Schwulenverbandes Deutschland (LSVD) variieren die Kosten in Abhängigkeit von der gewählten Samenbank und der Durchführung, dennoch müssen lesbische Frauen mit einigen Tausend Euro rechnen.[57] Riewenherm[58] schätzt die Kosten für eine Behandlung auf 10 000 DM. Da oft mehrere Behandlungen hintereinander erfolgen, kann dieser Betrag dementsprechend höher liegen. Nach Untersuchung diverser Quellen diesbezüglich sind die entstehenden Kosten einer Insemination sehr unterschiedlich.
Eine Klinik in den Niederlanden beispielsweise nimmt für eine Erstanamnese 180,-DM, für die Insemination 150,-DM und die Versandkosten pro Insemination betragen 380,-DM. Hier handelt es sich um das Medisch Centrum Bijdorp in Barendrecht, die Kontaktperson ist Dr. Jan Karbaat. Es gibt keine Wartezeit. Die Altersbegrenzung liegt bei circa Anfang Vierzig. Die Frau bzw. ihre Partnerin können in dieser Klinik innerhalb der nächsten fünf Jahre erneut vom gewählten Spender Inseminationen durchführen lassen. Gegen eine geringe Gebühr ist beispielsweise beim Feministischen Frauengesundheitszentrum (FFGZ) Berlin eine Liste mit Adressen der holländischen Kliniken erhältlich. Deren jeweilige Konditionen sind dort vermerkt. Unter der Kategorie Sonstiges steht z.B. bei einer Klinik:

---

[56] Burmeister- Ruf, 2002, S. 60
[57] vgl. Burmeister- Ruf, 2002, S. 62
[58] vgl. Riewenherm, 2001, S. 54; die Angaben in DM- Beträgen sind in Euro etwa die Hälfte (A.d.A.)

*„Alleinstehend oder Paar. Die Frau braucht nur einmal zur Erstanamnese zu kommen. Sie selbst bzw. ihre Freundin kann dort lernen, wie zu inseminieren ist. Sie können ein bis sechs Spermaspenden mitnehmen, abhängig von der Aufbewahrungsmöglichkeit. Das Sperma kann monatlich oder alle 6 Monate zugeschickt werden. Barendrecht liegt 3 km südlich von Rotterdam. Sehr freundliche und nette Auskunft. Geht auf die Frau ein. Samen werden fünf Jahre blockiert."* [59]

Bei einer Klinik gibt es keine Altersbegrenzung, ansonsten ist liegt diese bei vierzig Jahren. Die Wartezeiten variieren von keine Wartezeit bis zu zweieinhalb Jahren. Bei wenigen Adressen gibt es eine Information zum Samenspender: mal können Wünsche bezüglich des Spenders berücksichtigt werden, mal ist dies nicht möglich. Wieder andere untersagen die Mitnahme einer Samenspende.

### 2.4.2 Chancen einer Schwangerschaft durch Insemination

Wenn eine Lesbe die Art der Insemination geklärt hat, gilt es den günstigsten Zeitpunkt herauszufinden, um mit den Inseminationsversuchen anzufangen. Dazu wird empfohlen, dass mindestens sechs Monate lang der Verlauf des eigenen Zyklus beobachtet und erfasst wird. Sie sollte genau über ihre fruchtbaren Tage Bescheid wissen. An diesen Tage steigt die Körpertemperatur leicht an, und mit Hilfe der täglichen Temperaturmessung über mehrere Monate lässt sich der Zeitpunkt des Eisprungs relativ genau bestimmen. Frauen mit sehr unregelmäßigem Zyklus können mit Hilfe eines Ovulationstestes, und damit anhand ihres Urins, ebenfalls ihre fruchtbaren Tage herausfinden. In jedem Zyklus eignen sich dafür 3- 6 Tage und der günstigste Zeitraum ist kurz vor oder während des Eisprungs, da frisches Sperma im Körper der Frau zwei bis vier Tage lebensfähig ist. [60] Manchmal wird von Seiten der Klinik geraten, in einem Zyklus an mehreren Tagen, also auch schon vor dem erwarteten Eisprung, zu inseminieren, um die Erfolgsaussichten zu erhöhen. [61]

Außerdem gibt es Unterstützungsangebote bei GynäkologInnen, in Selbsthilfegruppen oder Frauengesundheitszentren, in Berlin z.B. im Feministischen Frauengesundheits- Zentrum (FFGZ).

Selbst wenn ein Spender oder eine Klinik ausfindig gemacht wurde, ist nicht garantiert, dass eine Frau schwanger wird. Die Wahrscheinlichkeit einer Schwangerschaft ist umso höher, je jünger eine Frau ist. *„Nach einer*

---

[59] vgl. Liste vom Feministischen Frauengesundheitszentrum e.V. (FFGZ): Künstliche Befruchtung in den Niederlanden für lesbische und heterosexuelle Frauen aus der Bundesrepublik; Adresse: Bamberger Str. 51, 10777 Berlin/ Schöneberg, Tel: 030- 213 95 97, Fax: 030- 214 19 27
[60] vgl. Lehmann, 1999, S. 24
[61] vgl. Lehmann, 1999, S. 49

*Statistik der Sperm Bank of California in Berkeley brauchen Frauen zwischen 35 und 39 Jahren 2,5 Versuche mehr als Frauen zwischen 20 und 24.*[62]

Nach Erfahrung der holländischen Samenbank in Leiden werden bei der ersten Insemination 10% der Frauen schwanger, nach sechs Zyklen ungefähr 50%.[63] Einige Frauen werden erst nach vielen Versuchen schwanger, manche gar nicht. Die meisten Frauen müssen sich eher auf einen langwierigeren Prozess einstellen, der Geduld und Ausdauer erfordert. Es kann zu psychischen Belastungen kommen, wenn eine Lesbe schon etliche Inseminationsversuche hinter sich hat, und sie nicht schwanger wird. Viele Frauen setzten sich eine Frist, innerhalb derer sie immer wieder Inseminationsversuche unternehmen.
Eine Lesbe, die den Spender kannte, schildert ihre Erfahrungen:

> *„Zuerst war alles aufregend und witzig. Aber nach einigen Monaten war der Reiz vorbei, und ich dachte schon, ich würde niemals schwanger werden. Ich habe mir dann selbst eine Frist gesetzt: Länger als ein Jahr wollte ich es nicht durchziehen. Wenn man über einen so langen Zeitraum immer wieder auf den Termin genau alles mit dem Spender organisieren muss, ist das einfach ermüdend. Na ja, nach ungefähr zehn Monaten und über zwanzig Versuchen wurde ich endlich schwanger."* [64]

Geht die Frau zur Insemination in eine Klinik, erfordert das zeitliche Flexibilität ihrerseits. Der günstigste Zeitpunkt ist möglicherweise mitten in der Woche, so dass sich dieses Unterfangen manchmal nicht problemlos mit der Arbeit oder anderen Äußerlichkeiten vereinbaren lässt. Der Zyklus kann sich durch den Stress verändern. Nicht zu vergessen sind die finanziellen Kosten, die für die Anreise und die Versuche selber berücksichtigt werden müssen. Ist eine Frau nach sechs Zyklen noch nicht schwanger, wird ihr empfohlen, sich ärztlich untersuchen zu lassen und ebenfalls den potenziellen Spender dazu bewegen, sein Sperma testen zu lassen.

> *"Und dann gab es ganz schön viel zu organisieren. Jeweils um den Eisprung herum mussten wir uns für vier Tage ein Auto borgen, also Freundinnen fragen, ob sie uns jeweils für einen Tag ihren Wagen leihen, damit wir nach Holland fahren können. Urlaubstage mussten wir entsprechend einplanen und unsere Verabredungen dem Zyklus unterordnen."* [65]

---

[62] Streib, 1996, S. 15
[63] vgl. Lehmann, 1999, S. 28
[64] Thiel, 1996, S. 32
[65] Lehmann, 1999, S. 48

Es gibt aber auch Frauen, die über Jahre hinaus inseminieren, den Spender wechseln und ÄrztInnen zu Rate ziehen und nicht schwanger werden.

*"Über zwei Jahre habe ich versucht, schwanger zu werden. Auf eigene Faust. Ein guter Freund von mir stand immer mit seiner Samenspende bereit. Irgendwann habe ich eingesehen, dass es nicht klappen wird. Es ist einfach so, ich kann nicht schwanger werden."*[66]

Manche Lesben nehmen Hormone, um ihren Zyklus „einzustimmen", wie es im medizinischen Fachjargon heißt. Zahlen dazu sind nicht bekannt. Einige Lesben nehmen auch Hormone, weil sie ihren Kinderwunsch erst sehr spät umsetzen (können) und bereits 35 Jahre oder älter sind. Sie glauben, dass ihr Zyklus zu unregelmäßig ist und bei ihnen nicht mehr bei jedem Zyklus eine Eizelle heranreift. Wichtig zu wissen ist, dass Hormone, die in den Zyklus einer Frau eingreifen, gesundheitliche und psychische Risiken mit sich bringen können. Dabei kann es auch passieren, dass mehr als eine Eizelle heranreift und sich statt des einen gewünschten Kindes auf einmal Zwilling oder gar Drillinge ankündigen, die die Lebensplanung durcheinander bringen.[67]
Fehlgeburten sind bei Inseminationen nichts Ungewöhnliches. Mehr als die Hälfte aller beginnenden Schwangerschaften enden mit einer Fehlgeburt. Oftmals zu einem so frühen Zeitpunkt, dass die Frauen es gar nicht merken. Wegen der genauen Planung stellen Lesben eine Schwangerschaft meistens sehr früh fest, und ebenso eine Fehlgeburt.[68]

---

[66] Thiel, 1996, S. 33ff.
[67] vgl. Riewenherm, 2001, S. 85
[68] vgl. Lehmann, 1999, S. 29

### 2.4.3 Zu Reproduktionstechniken und zur Fortpflanzungsmedizin

Bei meinen Ausführungen zur Fortpflanzungsmedizin orientiere ich mich hauptsächlich an Riewenherms Buch „Die Wunschgeneration" von 2001. Bereits in den fünfziger Jahre entdeckten Wissenschaftler, dass sich Spermien tiefkühlen lassen und nach dem Auftauen noch beweglich sind. Etwa Ende der 70er Jahre setzten im Zuge der Entwicklung um die künstliche Befruchtung ebenso die Diskussionen um Spermabanken ein. Viele Samenbanken wurden zu Beginn der 80er Jahre in den USA gegründet; eine der ersten vom Feministischen Frauengesundheitszentrum in Los Angeles. Samenbanken sind nach Riewenherm vor allem aus zwei Gründen umstritten, gleich, ob sie zur Erfüllung des lesbischen oder des heterosexuellen Kinderwunsches genutzt werden:

Zum einen geht es um die Auswahl von Spendersamen. 1979 gründete der US- Amerikaner Robert Graham eine Samenbank, in der er ausschließlich Sperma von Nobelpreisträgern lagern und dieses nur an glücklich verheiratete Frauen mit einem Intelligenzquotienten von über 140 abgeben wollte. Da die Frauen daran wenig Interesse zeigten, erweiterte er sein Angebot, indem er zusätzliche Qualitäten von Spendern vorzuweisen hatte. Seine Idee war eine Art Vorreiter für weitere entstehende Samenbanken. Die einen bieten Sperma von Harvard- Studenten, andere von Wissenschaftlern und Olympiasiegern. Viele haben Kataloge mit Fotos von Spendern und andere Angaben zur Person wie z.B. Informationen zu dem Gesundheitszustand des Spenders und zu Krankheiten, die innerhalb seiner Familien aufgetreten sind. Es besteht u.a. die Möglichkeit, die Fremdsprachenkenntnisse oder das Lieblingsessen des Spenders zu erfahren. Diese Angebote erwecken den Anschein, dass sich NutzerInnen einer Samenbank ein Kind ihrer Wahl aussuchen könnten, vom Aussehen bis zu bestimmten Eigenschaften. Es gibt bisher wenige fundierte Aussagen, inwieweit Verhaltensweisen eine genetische Komponente haben.[69]

Das Sperma muss „ausgezeichnet" sein, das Auftreten von genetischen Abweichungen beim Spender sowie seinen Familienmitgliedern bis zum dritten Grad wird überprüft. Hiermit sind genetisch bedingte „Behinderungen" und Erbkrankheiten gemeint.[70] Die Autorinnen des FFGZ Köln finden, *„dass dem zugrunde ein Menschenbild liegt, das Selektion befürwortet und für machbar hält" und „unter dem Deckmantel von Entscheidungsfreiheit wird hier eine Ideologie vertreten, die schnell menschenverachtend, nämlich behindertenfeindlich und rassistisch wird. Einige US-amerikanische Banken verfolgen bei der Spenderauswahl die ethnische Zugehörigkeit bis*

---

[69] vgl. Riewenherm, 2001, S. 88 ff.
[70] vgl. Lehmann, 1999, S. 51

*zu Sechzehntelanteilen und fragen sogar eine evtl. jüdische Glaubenszu-
gehörigkeit ab!"[71]*

Darüber kann sicherlich kontrovers diskutiert werden, allerdings finden es
gerade US- amerikanische Lesben von Vorteil, bestimmte Informationen
des Spenders zu erfahren. Einem Lesbenpaar in den USA war es wichtig-
besonders der zukünftigen jüdischen Co- Mutter- ,dass der Spender ein
Mann jüdischen Glaubens war, ein weiterer Wunsch war, dass er musika-
lisch sein sollte. Der angehenden Co- Mutter war es enorm wichtig, dass
das Kind dadurch „etwas von ihr" hatte. [72]

Das folgende Beispiel hat mit der Gen- und Reproduktionstechnologie wenig zu tun, dennoch nenne ich es an dieser Stelle: ein gehörloses Lesbenpaar hat in den USA zwei Kinder über Insemination bekommen, die ebenfalls gehörlos sind. Spender war beide Male ein ebenfalls tauber Freund
der Frauen, der in fünfter Generation gehörlos ist. Damit war die Wahrscheinlichkeit 50: 50, dass die Kinder ebenfalls taub zur Welt kommen; die
Frauen haben sich die Eigenschaft der Taubstummheit angeblich gewünscht. *„Unser Kind soll identisch mit uns sein, nicht nur durch Erziehung,
sondern von Geburt an."[73]* Der Autor Etgeton hat die Vorgehensweise des
Lesbenpaares aus mehreren Gründen heftig kritisiert; zum einen weist er
auf die Schwierigkeit hin, wie sie ihre Entscheidung ihren Kindern später
einmal erklären wollen, zum anderen zählt für ihn das Argument der Mütter
nicht, ihre Kultur mit den eigenen Kindern teilen zu wollen. Er unterstellt
den Eltern, dass sie damit das „Eigentumsrecht" auf „ihre" Kinder geltend
machen.
Dieser Zeitungsbericht löste kontroverse Diskussionen aus, da es um körperliche Behinderung geht. Da eine weitere Auseinandersetzung das Thema sprengen würde, werde ich nicht weiter darauf eingehen.
Zusammenfassend lässt sich sagen, dass Samenbanken die mit o.g.
Spender- Kriterien arbeiten, sehr umstritten sind. BefürworterInnen unterstützen, dass NutzerInnen von Samenbanken diverse Informationen z.B.
zu bestimmten Vorlieben, zur Glaubenszugehörigkeit der Donoren u.a. erfahren können; die andere Gruppe kritisiert, dass es den Anschein bekommt, Menschen könnten sich ein fast hundertprozentig gesundes Kind
aussuchen, dass einer bestimmter Ethnie zugehörig ist o.ä.. Ich finde es
fragwürdig, wenn eine solche Selektion in Bezug auf einen Kinderwunsch
vollzogen werden kann. Trotzdem muss berücksichtigt werden, dass lesbische Frauen häufig keine andere Alternative als die einer Samenbank haben.

---

[71] Lehmann, 1999, S. 51
[72] Information meiner Dozentin Prof. Dr. Dagmar Schultz
[73] Etgeton, 2002, S. 1

Den zweiten Grund, weshalb Riewenherm Samenbanken umstritten findet ist der, dass die Kinder bei einer anonymen Samenspende keine Möglichkeiten haben, jemals ihren biologischen Vater kennen zu lernen. In der Schweiz ist es aus diesem Grund inzwischen verboten, anonym Samen zu spenden.[74] Auf die Gesetze in anderen Ländern bezüglich bekannter und unbekannter Spender gehe ich genauer unter 2.5.2 ein.

Das Argument, dass Kinder erfahren können, wer der Donor ist, spielt für den Gesetzgeber im Zusammenhang mit Samenbanken häufig eine große Rolle, da das Wohl des zukünftigen Kindes hier von Interesse ist. Die ehemalige Gesundheitsministerin Andrea Fischer hat an einem geplanten Fortpflanzungsmedizingesetz gearbeitet, durch dass die Dokumentation der Daten von Spermaspendern in Deutschland vorgeschrieben werden. Damit wäre eine anonyme Samenspende für eine heterologe Insemination (wenn die Samenspende nicht vom Ehepartner kommt) nicht mehr möglich gewesen. Ihre Amtsnachfolgerin Ulla Schmidt hat das Fortpflanzungsmedizingesetz zurückgestellt und damit ebenso die Klärung der Rechtslage diesbezüglich. Diese Regelung wäre allerdings für Lesben mit Kinderwunsch bedeutungslos, da sowohl die heterologe (mit Fremdsperma) wie die homologe Insemination (dem Spendersamen des Ehepartners) in der Bundesrepublik an den Ehestatus gebunden ist.[75]
Gemäß der Kinderrechtskonvention der Vereinten Nationen von 1989 hat ein Kind „soweit möglich Recht, seine Eltern zu kennen und von ihnen betreut zu werden."[76]
Eine kontroverse Diskussion darüber, ob ein Kind wissen muss, wer sein biologischer Vater ist, kann an dieser Stelle nicht geführt werden. In der vorliegenden Arbeit beschäftige ich mich ausschließlich mit der Perspektive von lesbischen Müttern. Die Perspektive aus Sicht des Kindes kann aus zwei Gründen nicht berücksichtigt werden. Erstens gibt es im deutschsprachigen Raum zur Perspektive von Kindern, deren Vater ein anonymer Samenspender ist, keine Untersuchungen. Meines Erachtens ebenso wenig im englischsprachigen Raum o.ä. Zweitens sprengt eine Diskussion darüber das Thema dieser Arbeit. Dennoch halte ich es für unumgänglich, dass sich lesbische Frauen mit Kinderwunsch mit der Perspektive ihres

---

[74] vgl. Riewenherm, 2001, S.91
[75] vgl. Riewenherm, 2001, S. 91 ff.
[76] vgl. Lähnemann, 1997, S. 53; Übereinkommen über die Rechte des Kindes, für Deutschland in Kraft getreten am 05.04.1992, Artikel 7 (1)

Kindes bezüglich der Kenntnis über die Identität des biologischen Vaters auseinandersetzen.

## 2.5 Die Rechtslage zur Insemination

## 2.5.1 Die Rechtslage zur Insemination in der Bundesrepublik

Die Rechtslage zu Insemination ist innerhalb der Bundesrepublik durch zwei Instanzen geregelt; zum einen durch die Richtlinien der Bundesärztekammer, zum anderen durch das Embryonenschutzgesetz (EschG).
Richtlinien der Bundesärztekammer befürworten eine Insemination nur bei verheirateten Paaren und zwar im Falle der Sterilität der Frau oder der Unfruchtbarkeit des Mannes. In diesem Zusammenhang ist ein Urteil des Bundesverfassungsgerichts aus dem Jahr 1994 von Bedeutung: Es legt fest, dass jedes Kind ein Recht auf Kenntnis seiner Abstammung hat, wodurch anonyme Samenspenden unzulässig, wenn auch nicht strafbar werden.
Wird dennoch eine Insemination durchgeführt, liegt dies außerhalb des ärztlich geregelten Rahmens. Die Erklärung der Bundesärztekammer wird mit der „gedeihlichen" Entwicklung begründet.[77]

Hierzulande dürfen also nur verheiratete Paare in Kliniken behandelt werden; sie haben einen Leistungsanspruch gegenüber den Krankenkassen. Nur wenn eine homologe Insemination (dem Spendersamen des Ehepartners) aufgrund von Zeugungsunfähigkeit des Ehemannes nicht möglich ist, darf eine Klinik eine heterologe Insemination (mit Fremdsperma) durchführen. Verstößt eine Ärztin/ ein Arzt gegen die Regelung, indem sie/ er fremdes Sperma inseminiert, kann sie/ er ihre/ seine Zulassung verlieren.
*„Theoretisch könnte das durch Insemination gezeugte Kind später sogar Unterhaltsforderungen an den Arzt stellen, wenn er die Spenderidentität nicht offen legen kann."*[78] Hat eine Ärztin/ ein Arzt im Falle heterologer Insemination bei einem Ehepaar diese Daten, sofern sie ihm mitgeteilt wurden, nicht dokumentiert, oder verschweigt er sie, kann das Kind Schadensersatzansprüche an ihn stellen.[79]
Die Grundlage dieser Regelung ist Artikel 6 Abs. 1 des Grundgesetzes:

> *„Ehe und Familie stehen unter dem besonderen Schutz der staatlichen Ordnung."*[80]

Die Rechtslage der Mutter ist weniger eindeutig. Wenn sie ihrem Kind vorsätzlich verschweigt, wer der Vater des Kindes ist, hat das Kind kein Recht auf Unterhaltszahlungen und spätere Erbansprüche. Eine Frau, die sich für einen anonymen Spender entschließt, macht sich deshalb nicht strafbar.

---

[77] vgl. Lähnemann, 1997, S. 33
[78] Thiel, 1996, S. 35ff.
[79] vgl. Thiel, 1996, S. 36
[80] vgl. Lähnemann, 1997, S. 9

Behörden werden sie aber wahrscheinlich auffordern, sich zur Vater-schaftsfeststellung zu äußern.

Indem eine Mutter den Vater ihres Kindes verschweigt, kann ihr mögli-cherweise der Unterhaltsvorschuss verweigert werden.

Die heterologe Insemination (mit Fremdsperma) ist bisher straf-rechtlich nicht erfasst. Es gibt in Deutschland kein Gesetz, das alleinstehenden Frauen eine heterologe Insemination verbietet. § 9 des Embryonenschutz-gesetzes gibt allerdings der Ärzteschaft das alleinige Recht eine Insemina-tion vorzunehmen. Nach Paragraph 11 desselben Gesetzes kann jede an-dere Person dafür strafrechtlich belangt werden; alle anderen Personen-gruppen wie Hebammen, Krankenschwestern oder auch Freundinnen der lesbischen Frau machen sich im Fall einer Durchführung strafbar. Eine les-bische Frau, die ihrer Partnerin die Samenspende injiziert, kann zu einer Geldstrafe oder Haftstrafe bis zu einem Jahr verurteilt werden. Dies tritt wahrscheinlich nicht ein, da jemand diesen Vorgang anzeigen müsste. In jedem Fall geht die Frau, bei der die Insemination durchgeführt wurde bzw. wenn sie sie selbst durchgeführt hat, straffrei aus, der Samenspender auch. Nach drei Jahren ist der sogenannte Tatbestand verjährt.[81]

## 2.5.2 Die Rechtslage zur Insemination in anderen europäischen Ländern und den USA

Europaweit ist Insemination nur verheirateten Paaren vom Gesetzgeber erlaubt. Ausnahme bilden Belgien, die Niederlanden und Dänemark; dort ist Insemination nicht nur heterosexuellen Paaren vorbehalten, sondern auch für alleinstehende Frauen und Lesben zugänglich. In Schweden und Norwegen ist Insemination nur zulässig für verheiratete Paare. In manchen Ländern wird Insemination kaum praktiziert bzw. wurde bisher kein Bedarf öffentlich gemacht. Daher ist es in Ländern wie Albanien, Slowenien, Irland und Portugal nicht gesetzlich geregelt. In Litauen gibt es wohl die Möglich-keit für Frauen, eine Insemination durchführen zu lassen, doch aufgrund nicht vorhandener Gesetze ist es bisher die Entscheidung von ÄrztInnen, welche Patientinnen sie behandeln. Ein Mediziner namens Dr. Tanjas Ma-tulevicins aus Kaunas würde z.B. keine lesbischen Frauen als Patientinnen akzeptieren.[82]

In Italien blieb es bis 1999 ebenfalls den ÄrztInnen überlassen, welche Frauen sie behandeln wollen. Ein Arzt namens Dr. Ambrassa, der zugab, 1994 bei einer lesbischen Frau eine Insemination durchgeführt zu haben, wurde daraufhin aus der CECOS, dem Ärzteverband Reproduktionstech-nologie, ausgeschlossen. Seitdem wird gefordert, dass Insemination nur für

---

[81] vgl. Thiel, 1996, S. 35
[82] vgl. Streib, 1996, S. 45

heterosexuelle Paare möglich sein soll.[83] In Italien wurde Anfang 1999 ein Gesetz verabschiedet, dass künstliche Befruchtung bei Nichtverheirateten regelt.[84] Ob Insemination für nicht verheiratete heterosexuelle und lesbische Frauen damit zulässig ist, ist unklar.

**Exkurs: zu „Abstammung"**
In den Niederlanden wurde im vergangenen Jahr allerdings eine Gesetzesänderung zum Schutz der entstehenden Kinder verabschiedet. Ab 2004 sind nur noch Samenspender zugelassen, die als „Yes- Doner" auftreten. Diese müssen zustimmen, dass ihre bis zu 25 Kinder mit Erreichen des sechzehnten Lebensjahres von ihrem Recht Gebrauch machen dürfen, ihren leiblichen Vater kennen zu lernen.[85] Es wird befürchtet, dass daraufhin die Spenderbereitschaft sinken wird.
Seit 1990 gibt es in England ein Gesetz zur Insemination, dass das Kindeswohl in den Mittelpunkt stellt. Damit ist auch gemeint, dass das Kind das Recht auf Kenntnis seiner „Abstammung" hat. Der Vorschlag, lesbische Frauen vom Zugang zur Insemination auszuschließen, wurde nicht mit ins Gesetz aufgenommen.[86]
In der Schweiz ist es inzwischen verboten, anonym Samen zu spenden, da jedes Kind gesetzlich geregelt ein Recht auf seine Abstammung haben soll. Im internationalen Vergleich sieht es so aus, dass 70 % der ÄrztInnen keine Dokumente über Samenspender anlegen[87], in Frankreich ist eine rechtliche Verbindung zwischen dem Samenspender und dem Kind ausdrücklich ausgeschlossen und in Schweden hat das „urteilsfähige" Kind ein Klagerecht auf Feststellung der biologischen Elternschaft ohne Statusfolgen. Der Samenspender hat allerdings das Recht, den Kontakt zu verweigern.[88]

---

[83] vgl. Streib, 1996, S. 46
[84] vgl. Lähnemann, 1997, S. 42
[85] vgl. Kress, 2002, S. 3
[86] vgl. Streib, 1996, S. 46
[87] vgl. Lähnemann nach Setke, 1997, S. 54
[88] vgl. Lähnemann, 1997, S. 54

# 3 Lesbische Elternschaft und deren Rollenverständnis oder „Erfinden gleichgeschlechtliche Paare die demokratische Familie?[89]"

## 3.1 Definition von Lesbischer Elternschaft

Lesbische Elternschaft bedeutet zum einen biologische, zum anderen soziale Mutterschaft. Mutter eines Kindes ist laut dem Grundgesetz der Bundesrepublik die Frau, die es geboren hat. Sie ist die leibliche oder biologische Mutter. Diese Form der Mutterschaft ist eine Möglichkeit von Lesbischer Elternschaft. Die andere Möglichkeit ist die der sozialen Mutterschaft, was die Verantwortungsübernahme für die gemeinsamen Kinder durch die nicht-biologische Mutter bedeutet. Entweder übernimmt sie die Co- Mutterschaft für schon vorhandene Kinder ihrer Partnerin oder für Kinder, die in eine lesbische Beziehung hineingeboren wurden. Sie ist damit die soziale Mutter, neben ihrer Partnerin, der biologischen Mutter.
Natürlich kann eine lesbische Frau auch Co- Mutter von Kindern einer Freundin sein. Eine soziale Mutter oder Co- Mutter behält ihren Mutter-Status unabhängig davon, ob sich ein Paar trennt. Es sei denn, die Mutter der Kinder macht der sozialen Mutter ihre Rolle streitig. Die Möglichkeiten sind vielfältig, je nachdem, welche Absprachen die Bezugspersonen bezüglich der Kindererziehung, und -betreuung und der Zeiteinteilung treffen.

Lesbische Elternschaft wird in den unterschiedlichsten Varianten gelebt, da die Zusammensetzung von lesbischen Familienmodellen vielfältig ist. Entweder ist eine lesbische Frau alleinerziehend, mit Partnerin erziehend oder sie sorgt in anderen Konstellationen gemeinsam für ein Kind. Im Falle einer Pflegschaft kann eine (lesbische) Frau allein oder mit einer Partnerin eine soziale Mutterschaft übernehmen. Das heißt, eine oder beide Frauen übernehmen die Erziehungsverantwortung für Kinder. In der Bundesrepublik ist Adoption offiziell ausschließlich für verheiratete heterosexuelle Paare oder Einzelpersonen zulässig. In dem Fall übernimmt eine lesbische Frau eine soziale Elternschaft.
Darüber hinaus gibt es die (biologische) Elternschaft aus heterosexueller Vergangenheit oder aus geplanter Schwangerschaft über Inseminationen.
Es kann Überschneidungen von biologischer und sozialer Elternschaft geben; dass eine Lesbe biologische Mutter von Kindern ist, ebenso aber soziale Elternschaft für zum Beispiel die Kinder ihrer Partnerin übernimmt.
Im Folgenden wird ausschließlich auf Mutterschaft über Insemination eingegangen. Wenn eine Lesbe oder ein Lesbenpaar ihren Kinderwunsch auf diesem Wege erfüllt, gibt es zum einen die biologische, leibliche oder „amt-

---

[89] Kämper, 2001, S. 39

*lich registrierte*[90] Mutter, zum anderen die soziale Mutter, Co- Mutter, Mitmutter oder die *„nicht amtlich registrierte"*[91] *Mutter.*
Offiziell kann bei einem lesbischen Elternpaar ausschließlich eine von ihrem Kind sprechen; hier besteht ein Bedarf an einer neuen Begrifflichkeit, wie die Aussage einer Co- Mutter bestätigt, die an einer Umfrage zu Lesbischer Elternschaft teilgenommen hat:

> *„Obwohl das Wort 'eigenes' in Klammer mit leiblich übersetzt ist, trifft es trotzdem nicht auf alle lesbischen Mütter zu. Kinder, die in eine lesbische Beziehung hineingeboren werden- besonders, wenn der biologische Vater ein anonymer Samenspender war-, werden durchaus von der Gebärenden als auch von dem nicht gebärenden Elternteil als 'eigenes Kind' wahr genommen. Mir fällt es als nicht gebärende Mutter sehr schwer anzukreuzen, dass meine Tochter das Kind meiner Partnerin ist. Das ist eine Form von Diskriminierung, die eine der grundlegendsten Beziehungen eines Kindes vernichtet... Hier wäre eine Wortwahl besser, die den Unterschied zwischen meiner Realität und der Realität der Gesellschaft deutlich macht."* [92]

### 3.1.1 Biologische Elternschaft bei Lesben

Das Grundgesetz (GG, Artikel 6) der Bundesrepublik besagt:

> *„Mutter eines Kindes ist die Frau, die es geboren hat."*

Damit ist die Frau, die ein Kind zur Welt gebracht hat, die Mutter des Kindes.

Innerhalb der Bundesrepublik gibt es keine eindeutigen Daten darüber, wie viele Lesben und Schwule biologische Eltern sind. Aufgrund von Datenschutz und da es keine statistische Erfassung der sexuellen Identität bei Bevölkerungsstatistiken gibt, wird sich zukünftig kaum etwas daran ändern. Als deutlich sicher gilt, dass es deutlich mehr lesbische Mütter als schwule Väter gibt.
So wird sich in der Literatur immer wieder auf folgende Schätzungen bezogen; ExpertInnen gehen davon aus, dass in der Bundesrepublik etwa eine Million homosexueller Eltern leben.[93] Streib schätzte 1991, dass 65. 000 lesbische Frauen Mütter sind[94], Lähnemann schreibt, dass ein Drittel der Lesben und ein Fünftel der Schwulen eigene Kinder hat[95]. Starke bestätigt

---

[90] Burmeister, 2000, S. 19
[91] Burmeister, 2000, S. 19
[92] Buba/ Vaskovics, 2001, S.224
[93] vgl. Lähnemann, 1997, S. 10
[94] vgl. Streib, 1991, S. 20
[95] vgl. Lähnemann, 1997, S. 10

1998 eine Schätzung lesbische Mütter betreffend einer Erhebung, in der jede dritte der befragten Lesben biologische Mutter ist.[96]

Erwähnt werden sollte an dieser Stelle, dass die meisten Kinder von Lesben und Schwulen aus heterosexuellen Beziehungen stammen. Datenmaterial über biologische Elternschaft bei Lesben durch Insemination ist mir leider nicht bekannt.

### 3.1.2 Soziale Elternschaft bei Lesben

Datenmaterial zu sozialer Elternschaft gibt es im deutschsprachigen Raum meiner Kenntnis nach nicht.

Einen Definitionsversuch zu Sozialer Elternschaft/ Mutterschaft würde ich folgendermaßen formulieren:

Soziale Elternschaft ist zum einen eine Selbstdefinition als *soziale* Mutter, zum anderen wird sie von einer Lesbe übernommen, die erzieherisch und/ oder finanziell Verantwortung für die Kinder ihrer Partnerin übernimmt; unabhängig davon, ob die Kinder innerhalb ihrer Beziehung geboren wurden oder die Partnerin sie mit in die Beziehung gebracht hat. Überschneidungen von biologischer und sozialer Mutterschaft kommen vor, wenn eine Lesbe Kinder geboren hat und soziale Elternschaft für Kinder ihrer Partnerin übernimmt. In Bubas Untersuchung waren etwa 25% der befragten lesbischen Mütter und schwulen Väter sowohl biologische als auch soziale Eltern.[97]

In der Bundesrepublik ist der Status einer sozialen Mutter derzeit fast vollkommen rechtlos; darauf wird noch im 5. Kapitel eingegangen.

### 3.2 Befürchtungen und Vorurteile gegenüber lesbischer Elternschaft

In den letzten Jahren setzten sich lesbische Mütter offensiv für ihre Interessen ein.[98] In der Öffentlichkeit werden sie erst langsam wahrgenommen, begegnen allerdings häufig Unverständnis und Vorbehalten.[99] Lesbischen Müttern wird beispielsweise mangelnde Erziehungsfähigkeit unterstellt, außerdem könnten sie ihren Kindern keine verlässlichen Strukturen bieten, da sie nicht in einem kontinuierlichen Beziehungsgefüge lebten.

Die Bedenken und Vorurteile gegenüber lesbischer Elternschaft lassen sich nach Baptiste und Di Lapi drei Hauptkategorien zuordnen:

---

[96] vgl. Starke, 1998, S. 10
[97] vgl. Buba/ Vaskovics, 2001, S. 231
[98] 1998 hat sich z.B. der Verein „Die Furien & Companjeras" gegründet; Mitfrauen sind lesbische Mütter und Lesben mit Kinderwunsch. Eine weitere Initiative ist ilse; Initiative lesbischer und schwuler Eltern
[99] vgl. Lähnemann, 1997, S. 16ff.

1. Durch das Vorenthalten gegengeschlechtlicher Bezugs- und/oder Identifikationspersonen sei bei Kindern aus lesbischen Familien mit Störungen in der Entwicklung ihrer Geschlechtsidentität zu rechnen.
2. Es wird befürchtet, Kinder könnten durch das Heranwachsen in einer lesbischen Familie selbst eine gleichgeschlechtliche Orientierung entwickkeln.
3. Kinder lesbischer Mütter seien – wie diese selbst – sozialer Stigmatisierung ausgesetzt. Sie würden von Gleichaltrigen gegretelt[100] und seien sozial isoliert.[101]

Diese Vorurteile stellen die gesellschaftlichen Toleranzbeteuerungen gegenüber der lesbischen Lebensweise in Frage. Denn wenn Lesbischsein als gleichwertige Lebensweise akzeptiert würde, müsste eine gleichgeschlechtliche Orientierung von Heranwachsenden nicht als nachteilig empfunden werden..[102]

Zusammenfassend lässt sich sagen, dass „im Kern des Streites die persönliche Entwicklung des Kindes und die Eigenschaften der Eltern stehen."[103] KritikerInnen vertreten, dass Kinder für ihre Entwicklung Mutter und Vater bräuchten. Diese *„Vaterlosigkeit"[104]* der Kinder in lesbischen Familien betrachten sie als problematisch für die Entwicklung des Kindes. Es heißt, dass *„Kinder von homosexuell orientierten Eltern deshalb zum einen Schwierigkeiten mit der Entwicklung ihrer sexuellen Identität haben, welche Aspekte wie Geschlechtsidentität, Geschlechtsrollenverhalten sowie sexuelle Orientierung umfasst. Es sei daher auch wahrscheinlicher, dass die Kinder selbst homosexuell werden. Zum anderen bestünde die Gefahr psychischer Instabilität mit entsprechenden Verhaltens- und Entwicklungsstörungen."[105]* Zudem hätten die Kinder Probleme in sozialen Beziehungen und wären der Stigmatisierung durch Gleichaltrige ausgesetzt. Die homosexuellen Eltern werden ebenso kritisch betrachtet; sie gelten grundsätzlich als unfähig, Eltern sein zu können.[106]

*„Sie wären eher psychisch labil als heterosexuell orientierte Eltern, und ihr Er-*

---

[100] „Gegretelt" ist das weibliche Sprachpendant zu „hänseln".
[101] vgl. Baptiste, 1987, S. 129ff. und Di Lapi, 1989, S. 114ff.
[102] vgl. Informationsblatt 3, 2001, S. 1
[103] Eggen, 2002b, S. 2
[104] Eggen, 2002b, S. 2
[105] Eggen, 2002b, S. 2
[106] vgl. Eggen, 2002b, S. 2

*ziehungs- und Partnerschaftsverhalten wäre alles andere als vorteilhaft für die Entwicklung der Kinder. Man unterstellt Promiskuität der Eltern und befürchtet, dass vor allem homosexuelle Väter ihre Kinder sexuell belästigen und miss-brauchen."* [107]

---

[107] Eggen, 2002b, S. 2

Die Annahme, dass Stigmatisierungen durch die Umwelt von Kindern und Eltern vorkommen, ist auf eine diskriminierende Haltung der Gesellschaft zurückzuführen- es können weder homosexuelle Eltern noch deren Kinder für mögliche Ablehnung und Homophobie innerhalb des sozialen Umfelds verantwortlich gemacht werden. Allen anderen Behauptungen und Befürchtungen fehlt jede wissenschaftliche Grundlage. Sowohl die American Psychological Association als auch die American Sociological Association werfen vorliegenden Studien aus diesem ideologischen Kontext unlauteres Arbeiten vor.[108]

### 3.2.1 Fragestellungen empirischer Untersuchungen

Aufgrund oben genannter Befürchtungen und Vorurteile gegenüber lesbischer und schwuler Elternschaft und wegen notwendigen Entscheidungen bezüglich des Sorgerechts für Kinder haben seit Beginn der 70 Jahre diverse US- amerikanische und britische Forscherinnen und Forscher sozialwissenschaftliche und psychologische Untersuchungen zum Thema lesbische und schwule Elternschaft und zu der Entwicklung von Kindern, die ein homosexuelles Elternteil haben, durchgeführt. Folgende Fragestellungen standen im Vordergrund:

> „1 .Wie wirkt es sich auf die Entwicklung der Geschlechtsrollenidentität aus, wenn ein Kind in der Primärfamilie ausschließlich Frauen oder Männer als Identifikationsmodell und Bezugspersonen erlebt?
>
> 2. Werden Kinder, die bei Schwulen und Lesben aufwachsen, häufiger homosexuell als Kinder/ Jugendliche in heterosexuellen Familien?
>
> 3. Verläuft ihre psychische Entwicklung insgesamt, was Selbstbewusstsein, Loslösung von den Eltern und Sozialverhalten betrifft, altersgemäß und genauso wie bei Kindern heterosexueller Eltern?
>
> 4. Wie gehen Kinder damit um, wenn sie wissen, dass ihre Mutter lesbisch oder ihr Vater schwul ist? Leiden sie unter gesellschaftlicher Diskriminierung, die ihre Eltern möglicherweise erleben?"[109]

Die Fragestellungen beziehen sich ausschließlich auf das Wohl der Kinder in homosexuellen Familien.

---

[108] vgl. Eggen, 2002b, S. 2
[109] Lähnemann, 1997, S. 21

## 3.2.2 Übersicht und Ergebnisse empirischer Untersuchungen

Hauptsächlich in den USA wurden zwischen 1973 und 1992 etwa 50 empirische Untersuchungen bezüglich der Entwicklung der Kinder, die mindestens ein homosexuelles Elternteil haben, durchgeführt.[110] Erwähnung finden soll, dass in der Bundesrepublik bisher nur drei empirische Erhebungen zu homosexuellen Eltern gemacht wurden.[111] Diese Untersuchungen beschäftigen sich- wie schon erwähnt- ausschließlich mit dem Wohl des Kindes. Da ich mich in meiner Arbeit ausschließlich mit den Lebensentwürfen lesbischer Mütter und Co- Mütter beschäftige, möchte ich nur eine Untersuchung[112] beispielhaft vorstellen.

1983 stellten Golombok und andere anhand einer empirischen Vergleichsstudie die Entwicklung von Kindern vor, die einen wurden von lesbischen Müttern erzogen, die anderen von alleinerziehenden heterosexuellen Müttern. Sie wählten diese Vergleichsgruppe, um herauszufinden, ob die sexuelle Orientierung der Mutter einen Einfluss auf die Entwicklung der Kinder hat.

**Eine Kurzbeschreibung zum Charakter der Mütter:**
Deren Altersdurchschnitt war 30 Jahre. Fast die Hälfte aller Mütter waren früher verheiratet gewesen, eine Trennung erfolgte nach etwa - 9 Ehejahren. Die meisten lesbischen Mütter hatten zum Zeitpunkt der Befragung eine feste Partnerin, die Hälfte lebte mit dieser in einem gemeinsamen Haushalt. Die heterosexuellen Mütter lebten allein ohne Partner.
Es gab bedeutende Unterschiede in der Häufigkeit der Kontakte zum Vater des Kindes: Die Hälfte der lesbischen Mütter hatte mindestens ein mal wöchentlich Kontakt zum Vater des Kindes, die heterosexuellen weitaus seltener. Die Kinder in lesbischen Haushalten hatten in der Mehrheit Kontakt zu erwachsenen männlichen Freunden ihrer Mütter und sowohl zu heterosexuellen als auch zu lesbischen erwachsenen Frauen.[113] Obwohl es also im Haushalt keinen Vater oder einen anderen Mann gab, fand in den meisten Fällen ein Kontakt zu erwachsenen Männern außerhalb des Hauses statt.[114]

---

[110] vgl. Lähnemann, 1997, S. 22: das Referat für gleichgeschlechtliche Lebensweisen beruft sich auf Untersuchungen aus dem anglo- amerikanischen und britischen Raum. In der Bundesrepublik gibt es bisher keine vergleichbaren Studien, da sich aber die gesellschaftlichen Rahmenbedingungen in den USA, Großbritannien und der Bundesrepublik im wesentlichen gleichen, wird angenommen, dass die Forschungsergebnisse hierzulande ähnlich ausfallen würden.
[111] 1. eine qualitative Exploration mit zehn homosexuellen Müttern/ Vätern von Buchinger, 1998/2. eine quantitative Erhebung aus den neuen Bundesländern, die aufgrund finanzieller Mittel bisher nicht ausgewertet werden konnte, von Starke, 1998/ 3. ebenso eine quantitative Vergleichsstudie, die lesbische Frauen mit und ohne Kinder berücksichtigt, von Krüger- Lebus, 1997; vgl. Buba/ Vaskovics, 2001, S. 223
[112] Golombok u.a., 1983, S. 551 ff.
[113] vgl. Golombok, nach Lähnemann, 1997, S. 23ff.
[114] vgl. Golombok, nach Lähnemann, 1997, S. 24

Es wurden diverse Aspekte der Entwicklung der Kinder untersucht, u.a. deren Rollenverhalten. Über die Interviews mit den Müttern wurden Daten zu den bevorzugten Spielzeugen der Kinder erhoben und daraus wurde eine Punkteskala für Rollenverhalten entwickelt. Die Auswertung ergab, dass Jungen ein Rollenverhalten zeigten, dass als typisch männlich gilt, die Mädchen ein als typisch weibliches Rollenverhalten.

Insgesamt belegt die Studie sehr gründlich und anschaulich, dass die Kinder von lesbischen Müttern sich hinsichtlich ihrer Gefühle, Beziehungen und ihres Verhaltens nicht anders entwickeln als die in der Vergleichsgruppe der heterosexuellen Alleinerziehenden.[115]
Ich werde nicht näher auf weitere Studien eingehen. Dennoch möchte ich erwähnen, dass bisherige empirische Studien sehr umstritten sind. Laut Eggen bewegen sich *„nicht nur die Gegner einer rechtlichen Gleichstellung homosexueller Lebensgemeinschaften und Verfechter scheinbar traditioneller Familienwerte auf dem Glatteis. Auch bei den Befürwortern der rechtlichen Gleichstellung trüben persönliche Weltanschauungen die wissenschaftliche Argumentation. Bis auf wenige Ausnahmen nehmen die Studien eine defensive Haltung ein. Sie akzeptieren heterosexuelle Elternschaft als goldene Latte und untersuchen, ob homosexuell orientierte Eltern und ihre Kinder diese reißen oder toppen."[116]*

Die amerikanische Soziologin Judith Stacey und der amerikanische Soziologe Timothy J. Biblarz beschäftigen sich seit Jahren mit Veränderungen der Geschlechterrollen. Bis zum Jahr 2001 haben beide 20 Langzeitstudien zu homosexuellen Eltern und deren Kinder ausgewertet. Ein Ergebnis ist, dass es keine fassbaren Unterschiede zwischen Kindern gibt, die bei hetero- und homosexuellen Eltern aufwachsen.[117]

---

[115] vgl. Golombok nach Lähnemann, 1997, S. 26
[116] Eggen, 2002b, S. 2
[117] vgl. Niederberghaus, 2001, S. 2

## 3.3 Rollenverhältnis in lesbischen Familien

*„Die Tatsache der weitgehend fehlenden Modelle für gleichgeschlechtliche Lebensweisen stellt sie zwar vor etliche Probleme, eröffnet ihnen zugleich aber auch Freiräume für kreative, individuelle Beziehungsgestaltungen, Rollendefinitionen und -verteilungen. Dadurch können sie auch für hetero- sexuelle Paare ein Stück weit Wegbereiter für die Erprobung neuer Part- nerschaftsformen"*[118] und Familienformen werden.

Die Familie ist in der Krise und in der Diskussion.[119] Die Erwartung der Menschen, dass sich alle Familienmitglieder frei entfalten können, und die Anforderungen der Gesellschaft, Erwerbs-, Reproduktions- und Erzie- hungsarbeit aufzuteilen und gegenseitigen Respekt innerfamiliär zu bewah- ren- das steht im Widerspruch zur traditionellen patriarchalischen und auto- ritären Familienform.
Auch bei einigen heterosexuellen Elternpaaren ist die klassische Rollen- aufteilung aufgebrochen oder befindet sich im Wandel. In der Bundesrepu- blik war es bis in die 70er Jahre hinein Normalität, dass die Frauen zu Hause geblieben sind, um sich um Kinder und Haushalt zu kümmern. Der Mann hat das finanzielle Überleben durch Erwerbsarbeit gesichert.

Meine Vermutung ist, dass homosexuelle Elternpaare diese Form der klas- sischen Arbeitsteilung per se nicht haben. Möglicherweise entwickelt sich deren Rollenmodell dahingehend, allerdings stelle ich das in Frage. In einer gleichgeschlechtlichen Beziehung ist die Aufgaben- und Rollenverteilung nicht durch gesellschaftliche Muster geprägt. Zeitschriften, Bücher, TV oder anderen Medien können Informationen für heterosexuelle Eltern bie- ten; für gleich-geschlechtliche Paare ist ein vergleichbares Angebot nicht vorhanden. Sie haben keine Vorbilder für eventuelle Schwierigkeiten, den Familienalltag zu regeln. Aber gerade darin liegt auch die Freiheit und Chance, eigene Vorstellungen einer Elternschaft auszuleben.[120] Schellhorn meint, dass gerade das Fehlen festgeschriebener Mann- Frau- Rollen, kein Mutter- Vater- Kind Gefüge, den Lesben ein großes Spektrum an kreativer Beziehungsgestaltung und Kindererziehung ermöglicht. Zwar fehlen Rol- lenvorbilder für ihre Familienkonstellation, aber sie glaubt nicht, das Lesben die gängigen, heterosexuellen Rollen übernehmen wollen.[121]

---

[118] Rauchfleisch, 1999, S. 395
[119] vgl. Kämper, 2001, S. 39
[120] vgl. Thiel, 1996, S. 97
[121] vgl. Schellhorn, 1998, S. 48ff.

Ich schließe mich Schellhorns Vermutung an. Weiter nehme ich an, dass es vermutlich leichter ist für gleichgeschlechtliche Familien, ihre Aufgabenverteilungen und ihre Rollen egalitärer aufzuteilen, da traditionell vorgegebene Rollen nicht mit ihrer Realität übereinstimmen. Lesbische Elternpaare haben die Möglichkeit, ganz neue, ganz andere Rollenaufteilungen auszuprobieren und zu realisieren.

> „In Familien mit gleichgeschlechtlichen Eltern fällt die automatische Rollenaufteilung weg- notwendigerweise entsteht ein Aushandlungsprozess darüber, wie sich die Familie organisieren will. Familien mit gleichgeschlechtlichen Elternteilen stehen also vor der Chance und auch der Notwendigkeit, andere als die tradierten Formen und Konflikte zu leben, Rollenzuweisungen aufzubrechen, Macht und Kompetenzen in der Familie nicht geschlechtsrollentypisch zu verteilen. Damit können sie Formen einer demokratischen Familie einüben, die für ein verändertes Familienbild und –leben insgesamt hilfreich sein können." [122]

Lesben und Schwule tendieren zu Rollenverschiebung und Flexibilität. Ihre Identität bietet ihnen die Möglichkeit, festgesetzte Rollenzuschreibungen aufzubrechen und mal eher nach der femininen, mal eher nach der maskulinen Rollenzuweisung zu reagieren. Jedes lesbische Paar entwickelt untereinander Vorstellungen zu Themen wie Kindererziehung, Verantwortlichkeiten und Aufgabenverteilung. Da es bisher keinerlei Vorbilder für lesbische Familien gibt, müssen und können sie traditionelle Familienmuster aufbrechen und neue gestalten. Innerhalb einer Beziehung bedeutet dies aber auch ein tägliches Aushandeln und Ausprobieren. Ali schildert, wie sie und ihre Freundin am Anfang ihrer Beziehung noch versucht haben, alles gemeinsam zu erledigen:

> „Ganz schnell haben wir aber gemerkt, wie viel Zeit draufging und es außerdem Dinge gab, die ich hasste und die Ruth wiederum gerne machte. Inzwischen haben wir eine gewisse Arbeitsteilung entwickelt."[123]

Lesbische Mütter mit heterosexueller Vergangenheit haben häufig die klassische Rollenverteilung kennen gelernt, möchten diese jedoch keineswegs wiederholen. Laut Thiel kennen sie die Strukturen dieser Hierarchie, streben deshalb eine gleichberechtigtere Aufgabenverteilung an. Insbesondere Lesbenpaare, die sich ihren Kinderwunsch gemeinsam erfüllt haben, sind

---

[122] Kämper, 2001, S. 40
[123] Thiel, 1996, S. 97

bemüht, sich die angenehmen Seiten der Elternschaft und die Pflichten gleichberechtigt aufzuteilen.

*„Sie entwickeln selten ein starres Rollenverhalten und nutzen die Möglichkeit, ihre Position ständig zu wechseln und zu verändern."*[124]

Der Alltag in lesbischen[125] Familien ist von einem hohen Grad an gegenseitigem Verständnis und Respekt geprägt. Zudem ist die Bereitschaft zu einem gleichberechtigten Aushandeln unterschiedlicher Interessen vorhanden. Lesbische Mütter ahmen keine traditionellen Rollen nach, ihr familiäres Miteinander ist bestimmt von der Akzeptanz von Verschiedenheit und der Übernahme an Verantwortung. Kämper spricht in dem Zusammenhang von partnerschaftlichen und demokratischen Familienmodellen, die häufig von ausgesprochener Reflexions- und Kommunikationsbereitschaft, Zuverlässigkeit und Gewaltfreiheit geprägt sind.[126]

Eine Studie aus den USA belegt, dass das Rollenverhalten bzgl. Familienarbeit von Eltern in lesbischen Familien egalitärer ist als das der Eltern in heterosexuellen Familien.[127] Die Arbeitsverteilung in den Bereichen Haushalt und Entscheidungsfindung ist laut Aussagen der biologischen und sozialen Mütter gleichberechtigt. Allerdings ist es im Bereich Kinderbetreuung eher so, das die biologische Mutter mehr Verantwortung übernimmt. Dazu passend ist es (laut dieser Studie) auch in lesbischen Familien eher die soziale Mutter, die 40 und mehr Stunden bezahlt arbeiten geht. (Etwa 70% aller nicht-biologischen Mütter und nur etwa 40% aller biologischen Mütter gehen einer bezahlten Arbeit von 40 oder mehr Stunden nach.)[128]

**Erziehungsverhalten lesbischer Elternpaare**
Lesbische Elternpaare können und müssen für sich passende Rollen und Aufgabenverteilungen erschaffen, da– wie schon erwähnt- keine Vorbilder für ihre Lebensweise existieren. Ähnlich ist es bei ihrem Erziehungsverhalten. Die Beziehungsstrukturen und Umgangsformen unterscheiden sich in lesbisch- schwulen Familien oft enorm von denen, die als „normal" gelten. Homosexuelle Eltern *„scheinen eine Generation heranzuziehen, die die Möglichkeit hat, sich wirklich zu entscheiden, ob sie bi-, homo- oder heterosexuell leben will."*[129]

Die Erziehungsverantwortung bei homosexuellen Elternpaaren wurde bei einer Untersuchung von Buba u.a. berücksichtigt. Buba stellt folgendes

---

[124] Thiel, 1996, S. 100
[125] ebenso in allen Regenbogenfamilien; wenn Eltern schwul, lesbisch , bi- oder transsexuell sind
[126] vgl. Kämper, 2001, S. 44
[127] Diese Studie weist ebenfalls darauf hin, dass sich dieses Ergebnis mit Ergebnissen aus vergleichenden Studien zwischen lesbischen und heterosexuellen Paaren ohne Kinder deckt.
[128] vgl. Patterson, 1995, S. 115- 123
[129] Thiel, 1996, S. 101

fest: Lebt ein Paar mit den Kindern in einem gemeinsamen Haushalt, so teilt in der Mehrheit die Partnerin nach eigener Aussage die Erziehungsverantwortung „voll und ganz." Lebt das Paar nicht in einem gemeinsamen Haushalt, so wird die Verantwortung häufiger „teilweise" geteilt oder auch „kaum/ gar nicht."[130]

## 3.4  Bindungen von den Müttern zu den gemeinsamen Kindern

Es gibt in der deutschsprachigen Literatur meines Wissens ausschließlich Thiel[131], die die Bindungen zwischen einer biologischen Mutter und ihren Kindern und einer sozialen Mutter und ihren Kindern thematisiert hat, wenn beide Frauen die Kinder gemeinsam geplant haben. Da biologische Mütter ihre Kinder meistens in den ersten Monaten stillen, kann ein unterschiedliches Nähe- Distanz- Verhältnis zum Kind entstehen.

> *„Stillen stellt eine symbiotische Form der Mutter- Kind- Beziehung dar, in der die Mutter sowohl Gebende als auch Nehmende ist. In ihrer Beziehung zum Kind kann sie sich so verausgaben, dass für die Partnerin nur noch wenig oder fast gar nichts an emotionaler Energie übrigbleibt."* [132]

Die Partnerin wird zu einer Randfigur, und fühlt sich ausgeschlossen. In der Situation findet eine soziale Mutter keinen Zugang zum Kind. Eine Co-Mutter spricht aus eigener Erfahrung, dass sich zu ihrer Tochter nicht die gleiche Beziehung entwickelte wie zwischen ihrer Partnerin und dem Kind, weil diese durch die Schwangerschaft und das Stillen eine ganz enge körperliche Bindung zum Kind und umgedreht hatte. Die soziale Mutter fühlte sich manchmal sehr einsam. Das passiert ihr heute von Zeit zu Zeit immer noch. Inzwischen hat sie für Väter ein größeres Verständnis entwickelt. Früher empfand sie diese als egoistisch und kindisch, weil sie eifersüchtig auf die Kinder waren.

> *„Aber heute kann ich sie verstehen, denn wenn du ein Kind hast, geht auch ein Teil deiner Beziehung verloren."* [133]

Die soziale Mutter ist der Überzeugung, dass die Biologie eine große Rolle spielt, auch wenn es um Verantwortungsübernahme für die Kinder geht. Sie ist der Meinung, dass  letztendlich die biologische Mutter für die Kinder entscheiden sollte, da die Kinder ein Teil von ihr sind.

---

[130] vgl. Buba/ Vaskovics, 2001, S. 231
[131] Thiel, 1996, S. 95
[132] Thiel, 1996, S. 95
[133] Thiel, 1996, S. 95

## 3.5 Lesbische Familienmodelle

### 3.5.1 Ein- Eltern- Familien

Datenmaterial über alleinerziehende Lesben gibt es meines Wissens nicht, da es aus datenschutztechnischen Gründen keine Statistiken zur „Sexuellen Orientierung" gibt. Selbst Schätzungen waren diesbezüglich nicht zu finden. In der Literatur ist kaum die Rede von alleinerziehenden Lesben.

Die Gründe aus welchen eine Lesbe allein mit ihren Kindern lebt, sind ganz unterschiedlich. Beispielsweise wurden die Kinder allein geplant oder mit einer ehemaligen Partnerin oder mit einem Ex-Ehemann.
Alleinerziehende Elternschaft ist nicht immer eine Sache persönlicher Schicksale oder Umstände, sondern kann auch eine ganz bewusste Entscheidung sein. Menschen, die gern mit Kindern zusammen sind, aber keine enge Partnerschaft eingehen wollen, wählen ganz bewusst für sich diesen Weg.[134] Eine gewisse Unterstützung durch Freundinnen, Freunde oder die Herkunftsfamilie ist von den meisten erwünscht, die sich für *„Single-Parent"*[135] entscheiden.

> *„Ich habe mir immer ein Kind gewünscht und wollte mir das Recht auf ein Kind auch nicht nehmen lassen, nur weil ich nicht mit einem Mann zusammen bin. Deswegen habe ich mich zu einer Insemination entschlossen. Ich wollte mein Kind gerne alleine aufziehen. Dabei habe ich mir immer vorgestellt, mit mehreren Frauen und deren Kindern zusammenzuleben. Wir hätten uns dann die Arbeit und die Verantwortung teilen können."*[136]

Alleinerziehende Mütter sind für die Kinderbetreuung, für Erwerbstätigkeit und die finanzielle Absicherung ihrer Familie häufig alleine verantwortlich. Diese ganze Organisation benötigt Zeit und Energie. Oftmals bleibt wenig Raum, um eigene Bedürfnisse zu befriedigen.

> *„Irgendwie hatte ich gar keine Zeit mehr. Ich war berufstätig, musste den ganzen Tag arbeiten und mich danach noch um die Kinder kümmern. Da blieb keine Zeit für mich. Und für das, was in mir vorging, war kein Platz mehr."*[137]

Im deutschsprachigen Raum gibt es meines Wissens ausschließlich Ratgeber für lesbische und schwule Eltern. In den USA hingegen werden auch Handbücher für homosexuelle Single- Parents publiziert.[138]

---

[134] vgl. Thiel, 1996, S. 87
[135] Thiel, 1996, S. 87
[136] Vita, aus Thiel, 1996, S. 87
[137] Thiel, 1996, S. 84
[138] siehe dazu: Brill, 2001

## 3.5.2 Getrennte Lesbenpaare mit gemeinsamen Kindern

Lesbische Mütter können sich genau wie heterosexuelle Paare nach der Geburt eines Kindes von ihrer Partnerin trennen. In diesem Fall übernimmt meist die biologische Mutter die Erziehungsverantwortung.[139] Sie muss von nun an auch alleine für die finanzielle Absicherung des Kindes sorgen, es sei denn, beide Mütter haben andere Vereinbarungen getroffen.[140] Eventuell kommt die Co- Mutter finanziell weiterhin- sozusagen freiwillig- für die Kinder auf. Die soziale Mutter kann rechtlich nicht zur Verantwortung gezogen werden, finanziell für das Kind aufzukommen. Dagegen kann ein nichtehelicher Vater verpflichtet werden, Unterhalt für sein Kind zu zahlen. Die ehemalige Partnerin der biologischen Mutter kann sich dieser Verantwortung jedoch entziehen. Folgendes Beispiel aus der Literatur verdeutlicht die Lage von einer biologischen Mutter, die nach der Trennung von ihrer Partnerin in finanzielle Schwierigkeiten geriet, weil sie plötzlich alleine für das Kind aufkommen musste. Alexandra war nach der Trennung von ihrer Partnerin finanziell auf sich alleine gestellt und konnte keinen Unterhalt einklagen:

*„ Wenn meine Eltern mich nicht emotional und auch finanziell unterstützt hätten, ich weiß nicht, was aus mir und dem Kind geworden wäre."* [141]

Ein anderes Beispiel ist Lisa, die das Kind mit ihrer Partnerin gemeinsam geplant und bekommen hat. Nachdem die Frauen sich getrennt hatten, pflegte ihre ehemalige Partnerin keinen eigenständigen Kontakt zu der Tochter. Beide Frauen hatten zwischenzeitlich keinen Kontakt mehr, haben ihn mittlerweile aber wieder aufgenommen.[142] Beide Beispiele zeigen, dass es nach der Trennung der Frauen keinen Kontakt mehr zwischen dem gemeinsam geplanten Kind und der ehemaligen Partnerin der biologischen Mutter gab. In beiden Fällen war keine Rede von sozialer Mutterschaft oder Elternschaft.

---

[139] Bisher gibt es für Co- Eltern keine rechtliche Grundlage, ein gemeinsames Sorgerecht und das Umgangsrecht zu bekommen (s. auch Kap. 5)
[140] vgl. Thiel, 1996, S. 87
[141] Thiel, 1996, S. 87
[142] Burgert, 1993, S. 8

In den letzten paar Jahren haben sich vermehrt Lesben dazu entschlossen, gemeinsam ein Kind mit Hilfe von Insemination zu bekommen. Diese Art der Elternschaft setzt eine sehr bewusst getroffene Entscheidung eines Lesbenpaares voraus. Daher vermute ich, dass es bezüglich der Verantwortlichkeit einer sozialen Mutter Veränderungen gegeben hat. Meine Annahme ist, dass eine soziale Mutter auch nach einer Trennung weiterhin emotionale und finanzielle Verantwortung gegenüber dem Kind übernimmt. Belegen kann ich dies jedoch nicht. Erwähnt werden sollte in dem Zusammenhang nochmals, dass eine soziale Mutter zwar rechtlich nicht zur Verantwortung in Bezug auf Unterhaltszahlungen verpflichtet werden kann, dass sie aber genauso kein Recht auf Umgang mit dem Kind hat, falls ihr dieser von der biologischen Mutter untersagt wird.[143]

### 3.5.3 Lesbenpaare mit Kindern

In der Literatur wird häufig davon ausgegangen, dass die meisten Kinder, die in gleichgeschlechtlichen Lebensgemeinschaften aufwachsen, aus heterosexuellen Beziehungen hervorgegangen sind. In den letzten Jahren hat es sich in lesbischen Lebenszusammenhängen durchgesetzt, dass immer mehr Frauen ihren Kinderwunsch in die Realität umsetzen. Dieses ist nur unter erschwerten Bedingungen möglich.[144]

Im Folgenden werde ich ausschließlich auf Lesbenpaare eingehen, die sich über Insemination ihren Kinderwunsch erfüllt haben. Beispielhaft dazu werden zwei verschiedene Lebensmodelle von lesbischen Familien vorgestellt, die davon erzählen, wie aus ihrem Kinderwunsch ein Wunschkind wurde.

Eine der Familien besteht aus Angelika und Corinne, die mittlerweile eine kleine Tochter haben. Beide haben vor mehreren Jahren mit Gesprächen über ein gemeinsames Kind begonnen. Die eine wollte eher ein Kind, trieb die andere an. Der Gedanke, im Alter kinderlos zu sein, missfiel ihnen, und sie wollten ein Kind, ein *„selbst gemachtes"*, sagen sie. Ein anonymer Spender kam nicht in Frage. „Wir wollten das erleben. Und das Kind sollte einen Vater haben. *Wir wollten ihm den Vater nicht gleich als erstes nehmen."*[145] Ein schwuler Freund ist der Vater von Emma. Der Vater wird *„väterlicher Außensatellit"* genannt und kommt regelmäßig einmal in der Woche.[146] Derzeit findet eine Annäherung zwischen den Frauen und dem Mann statt; anfangs war es besonders für ihn eine schwere Zeit, *„er hat*

---

[143] s. auch Kap. 5
[144] siehe Kap. 2
[145] von Zglinicki, 2002, S. 52
[146] von Zglinicki, 2002, S. 52

*sein Kind in eine komplette Familie hineingeboren, das tut weh, aber es ist auch richtig für ihn, so wie es ist."[147]*

Silke und Petra sind ein weiteres Lesbenpaar mit zwei Kindern. Petra sollte das erste Kind bekommen, u.a. weil es für sie beruflich leichter sein würde, eine Weile nicht zu arbeiten. Silke verdiente zudem mehr. Beide Frauen dachten bei dem Samenspender an den Bruder von Silke. Sie wollte das Baby dadurch ‚so nahe wie möglich' an sich heranholen. Sie ist nun die Co-Mutter, aber sie ist auch mit dem Kind verwandt, körperlich mit ihm verbunden, das bedeutet ihr viel.[148] Für sie war die Wahl ihres Bruders ganz natürlich. Bei einer Organspende hätte sie ihn auch gefragt.

> *„Ein Allheilmittel, um mit allen Schwierigkeiten des Lebens als Co- Mutter fertig zu werden, ist aber auch diese Art der Familienplanung nicht. Silke empfindet es trotz der von ihr so gewollten Familienkonstellation noch als schwierig genug, die zweite, nicht leibliche Mutter zu sein."* [149]

Die Beispiele zeigen, wie unterschiedlich beide lesbischen Familienmodelle sind. Beide Paare wollten einen bekannten Spender bzw. einen ihnen bekannten Vater für ihr Kind. Beide Frauenpaare haben jemanden gefunden, beide Frauen sind schwanger geworden. Die Unsicherheit der Rechtslage für Co- Mütter hat ausschließlich das zweite Lesbenpaar thematisiert. Silke ist zwar die leibliche Tante der beiden Kinder, hat dennoch im Trennungsfall beispielsweise keinen Anspruch auf ein Umgangsrecht.

---

[147] von Zglinicki, 2002, S. 52
[148] vgl. von Zglinicki, 2002, S. 26
[149] von Zglinicki, 2002, S. 26

# 4    Reaktionen der Umwelt auf Lesbische Mutterschaft

## 4.1    Reaktionen der Herkunftsfamilie(n)

### 4.1.1 Reaktion der Eltern oder das „zweite Coming- Out"[150]

In den meisten Familien, in denen heterosexuelle Paare zusammenleben, bietet eine Schwangerschaft  für die zukünftigen Eltern und Großeltern Grund zum Feiern. Wenn eine lesbische Tochter oder ein schwuler Sohn ihren/ seinen Eltern eröffnet, dass sie Großeltern werden, sieht die Sache oft anders aus. *„Die meisten Eltern, die von der Homosexualität ihrer Tochter oder ihres Sohnes wissen, gehen stillschweigend davon aus, dass Kinder in dieser Beziehung nicht vorgesehen sind."[151]* Werden die zukünftigen Großeltern mit dem Thema eines zukünftigen Enkelkindes konfrontiert, *„kommen oft tief verwurzelte Vorurteile zum Vorschein, die von den zukünftigen Eltern erst entkräftet werden müssen: Ist ein lesbisches oder schwules Paar überhaupt in der Lage, ein Kind großzuziehen? Wird das Kind nicht einen Elternteil vermissen? Wird es später nicht Diskriminierungen ausgesetzt sein, von anderen Kindern geschnitten werden? Wie überhaupt soll der Kinderwunsch realisiert werden: per Adoption oder durch Insemination?"[152]* Mit dem Thema Insemination können die wenigsten Eltern etwas anfangen. Durch ihre Unwissenheit reagieren sie verunsichert, hauptsächlich welche Rolle der Erzeuger spielt und ob die Kinder diesen kennen lernen können.

*„Nur sehr offen denkende Eltern sind von vornherein in der Lage, sich mit dem Kinderwunsch ihrer Tochter oder ihres Sohnes auseinander zusetzen."[153]* Eine Frau berichtet, dass ihre Mutter sich *„fürchterlich aufgeregt hat, die schon mit meiner Lebensweise nicht klar kam. Sie meinte, ein Kind zu bekommen wäre sehr egoistisch. Dass ich mich für ein lesbisches Leben entschieden habe, sei meine Sache, aber ich dürfe da kein Kind mit reinziehen."[154]* Diese Reaktion ist beispielsweise sehr negativ. Mögliche Vorurteile von Seiten der zukünftigen Großeltern können eventuell abgebaut werden, indem diese in die Diskussion um den Kinderwunsch eingeweiht werden.[155] Wie sehr die Eltern in die Diskussionen mit einbezogen werden, hängt sicherlich von dem Verhältnis der Tochter und ihrer Partnerin zu den jeweiligen Eltern ab. Und davon, ob diese die Lebensweise ihrer

---

[150] Coming- Out: stufenweiser Prozess, in dem eine Person ihre Zugehörigkeit zu einer Kategorie sozialer Devianz (Abweichung von der Norm; soziologisch; A.d.A.) bzw. Randständigkeit (hier: Homosexualität) selbst erkennt (inneres Coming- Out) und anderen bekannt macht (äußeres Coming- Out), vgl. Buba/ Vaskovics, 2001, S. 356/ die Überschrift: „das zweite Coming- Out" wurde übernommen aus: Thiel, 1996, S. 103
[151] Thiel, 1996, S. 103
[152] Thiel, 1996, S. 103
[153] Thiel, 1996, S. 103
[154] Thiel, 1996, S. 104
[155] vgl. Thiel, 1996, S. 104

Tochter akzeptiert haben oder nicht. Ich vermute, dass ein guter Kontakt zwischen den Eltern und einer lesbischen Tochter mit Kinderwunsch eine grundsätzliche Voraussetzung ist, um sie in die Kinderplanung einzuweihen.

Bisher gibt es kaum Literatur darüber, wie Eltern auf eine biologische oder soziale Mutterschaft ihrer Tochter reagieren. Die Reaktionen der Herkunftsfamilie[156] auf Kinder von homosexuellen Familien-angehörigen können sehr unterschiedlich sein. *„Zunächst findet ein Annähern auf der erwachsenen Ebene statt, 'Schwiegereltern' und 'Schwiegerkinder' müssen sich erst einmal beschnuppern. Erst danach gibt es Raum, um sich auch dem Kind zu nähern."* [157]
Besonders schwierig scheint es für soziale Mütter zu sein, die ein Kind haben, dass aber nicht zwangsläufig von den eigenen Eltern als Enkelkind angenommen wird.

> *„Meine Mutter hatte große Schwierigkeiten mit der Tatsache, dass ich plötzlich ein Kind hatte, das nicht mein Kind war. Das war für sie nicht ihr Enkelkind."* [158]

Nicht alle Eltern reagieren distanziert bis ablehnend. *„Manche sind überglücklich, auch wenn ihr Enkelkind nicht mit ihnen verwandt ist. In den meisten Fällen ist es nur eine Frage der Zeit, bis sie das Enkelkind lieben lernen. In vielen Familien verpufft alle Aggression, wenn es erst einmal im Haus ist, und nicht selten werden Lesben und Schwule, die von ihren Eltern wegen ihrer sexuellen Neigung abgelehnt wurden, nach der Geburt eines Kindes wieder in die Familie integriert."* [159]

Eine US- amerikanische Studie, in der die Kinder über 2 Jahre alt sind, belegt, dass 69% der lesbischen Mütter meinten, die Beziehung zu den Eltern habe sich durch eigene Kinder verbessert. Davon äußerten wiederum 55% der Frauen, dass sich ein häufigerer Kontakt mit ihren Eltern durch die Kinder entwickelt hat. Je älter die Enkel wurden, desto eher berichteten die Großeltern anderen gegenüber von der homosexuellen Lebensweise ihrer Kinder. Die gleiche Studie fand heraus, dass 63% der Großeltern, deren Tochter biologische oder soziale Mutter von einem fünfjährigen Kind ist, gegenüber ihrer Umwelt äußerten, dass ihr Enkel in einer gleichge-

---

[156] Die biologische Familie eines Menschen wird Herkunftsfamilie genannt; daneben gibt es die Wahlfamilie; die Angehörigen einer Wahlfamilie sind nicht miteinander verwandt bzw. ist dies keine Voraussetzung.
[157] Thiel, 1996, S. 104
[158] Thiel, 1996, S. 104
[159] Thiel, 1996, S. 104

schlechtlichen Familie aufwachsen bzw. aus einer lesbischen Familie stamme.[160]

Eine Vermutung ist, dass es diese Entwicklung den Großeltern möglicherweise erleichtert, die Homosexualität ihres Kindes besser anzunehmen, da mit den Enkelkindern wieder eine Anlehnung an traditionelle Familienformen stattfindet.

Das Vorhandensein von Kindern spielt offenbar eine wichtige Rolle bei der Kontaktpflege zu den Eltern/ Großeltern, denn „von den Müttern berichteten immerhin 86% über irgendeine Form von Kontakt, während es bei den Mitmüttern nur 78% waren, bzw. 12% der Mütter hatten keinen Kontakt (oder die Eltern waren tot), bei den Mitmüttern waren es 19%. 77% der Mütter thematisieren ihr Lesbisch sein vor ihren Eltern nicht bewusst, wobei dies zu 10% totales Schweigen bedeutet; 9% leben offen. Die Mitmütter hingegen reden zu 67% nicht darüber, aber immerhin leben 11% offen.[161]

Zusammenfassend lässt sich sagen, dass mehr als dreiviertel aller lesbischen Mütter Kontakt zu den Eltern hat (biologische wie soziale Mütter). Fast identisch ist die Anzahl der lesbischen Mütter, die ihre Lebensweise nicht mit ihren Eltern thematisieren. Etwa jede zehnte Lesbe mit Kindern lebt offen gegenüber ihren Eltern, unabhängig von ihrem Status der Elternschaft.

**Reaktionen der Mütter**

Sasse meint, dass Mütter für ihre Töchter schon immer ein schwieriges Thema waren. Wenn sie nicht gut mit der Partnerin der Tochter auskommen, liegt das eventuell an ihrer Eifersucht der Frau gegenüber. Sie wollen *die* Frau in unserem Leben sein und bleiben. Ähnlich wie Väter auf Schwiegersöhne eifersüchtig sein können, empfinden Mütter die Partnerinnen ihrer Töchter als Konkurrenz, und das nicht nur bei ihren Söhnen, sondern auch bei ihren Töchtern.[162]

Ein weiterer Grund dafür, dass der Kontakt zwischen Vätern und lesbischen Töchtern scheinbar besser ist als zwischen Müttern und lesbischen

---

[160] vgl. Gartrell u.a., 1999, S. 362: *„In the US National Lesbian Family Study, 84 families are being periodically interviewed in a longitudinal study. In the second stage, when the children were aged 2 years old, the researchers found that for 69% of the mothers, having a child had enhanced their own relationship with their parents and for 55% of them, contact had increased with their parents. In 38% of the families close friends had been incorporated into the extended family network. By the time of the third stage of the study when children were 5 years old, 63% of the grandparents were 'out ' about the fact that their grandchild was from a lesbian family."*
[161] vgl. Sasse, 1995, S. 80
[162] vgl. Sasse, 1995, S. 91

Töchtern, vermutet Sasse in der häufig traditionellen Hausfrauen- und Mutterrolle dieser Müttergeneration.

> *„Mütter, die nicht berufstätig sind, sind in der Regel mehr in ihre Nachbarschaft integriert, auch das Familienleben spielt eine größere Rolle für sie, weil das eben ihr Leben ausmacht. Also sind sie auch mehr von dem Urteil der Nachbarn, Verwandten etc. abhängig. Daraus ergibt sich zwangsläufig, dass sich unsere Mütter mehr mit uns beschäftigen als unsere Väter, die mehr in ihrem Beruf aufgehen und andere Wichtigkeiten haben."*[163]

Angeblich sei es für Mütter wichtiger, Enkelkinder zu bekommen als für Väter. Mütter werden häufiger nach dem Wohlergehen der Kinder und Enkel gefragt als Väter. Davon ausgehend kommen eher Mütter in Situationen, von der lesbischen Lebensweise der Tochter zu sprechen als Väter. Den meisten falle es schwer bzw. es wird umgangen zu äußern *„Meine Tochter lebt mit ihrer Freundin da und da..."*[164]. Eine lesbische Mutter kritisiert die Generation ihrer Eltern, meint, *„dafür müssten unsere Mütter emanzipierter sein, und das sind doch gerade die Frauen aus der Generation nicht, die keinen Beruf ausüben, sondern nur für ihre Familie gelebt haben."*[165]

Sasse lässt ganz verschiedene Frauen berichten, wie es ihnen mit ihren Eltern oder den Eltern der Partnerin ergangen ist. Ein großer Teil der lesbischen Mütter hat ganz subtile Formen der Diskriminierung erfahren, die ich als psychische Gewalt bezeichnen würde. Beispielsweise wurde von Eltern in Abwesenheit des Lesbenpaares schlecht über die soziale Mutter oder die Partnerin der Tochter in Gegenwart des Kindes geredet. Ganz viele Lesben haben ihre Liebesbeziehung nach außen hin als Freundinnenschaft degradiert, weil sie sich nicht trauen, ihren Eltern von ihrem Lesbischsein zu erzählen. Dennoch kommt es häufiger vor, dass nach einem Outen gegenüber den Eltern nie mehr innerhalb der Familie darüber gesprochen wird. Einige Beziehungen sind an dieser Heimlichtuerei und teilweise der Verleugnung der eigenen Lebensweise auseinandergegangen.[166]

---

[163] Sasse, 1995, S. 90
[164] Sasse, 1995, S. 90
[165] Sasse, 1995, S. 90
[166] vgl. Sasse, 1995

## Reaktionen der Väter

Nach Aussage lesbischer Mütter, die beide Elternteile haben, könnten sie sich eher vorstellen, mit ihren Vätern über ihr Lesbisch sein zu reden als mit ihren Müttern. Der Vater einer Frau sagte, *„er könne mich allzu gut verstehen, denn er liebe ja schließlich auch Frauen, nämlich mich und meine Mutter. Da gebe es keine Diskussionen, Frauen seien nun mal attraktiver als Männer!"* [167]

Eine Erklärung, weshalb Lesben eher das Gespräch mit dem Vater suchen würden, begründet eine Frau folgendermaßen:

> *„Die Väter sind weniger für die Erziehung verantwortlich, also identifizieren sie sich weniger mit der möglichen Gewissensfrage, ob das Lesbisch sein der Tochter vielleicht ihre Schuld sein könne."* [168]

Die Väter und Mütter dieser Generation haben eher traditionell ihren Familienalltag gelebt; der Vater war durch Erwerbsarbeit der Ernährer der Familie, die Mutter die Versorgende im Haushalt und für die Kinderbetreuung und – erziehung verantwortlich. Daher verbrachte die Mutter in den meisten Familien die meiste Zeit mit den Kindern, der Vater hatte keine aktive Erziehungsrolle.

Eine andere beschreibt, dass sie mit ihrem Vater besser zurechtkäme, da er nicht mit ihrer Partnerin konkurriert.

> *„Er ist nicht eifersüchtig. Ich glaube nämlich, dass das der Punkt ist: Männer sind auf Männer eher eifersüchtig. Frauen erkennen sie weniger als Konkurrenz an."* [169]

Väter sehen eher in den Partnern einer Tochter einen Konkurrenten. Hier entsteht möglicherweise ein Art Kräfte messen zwischen den Männern. Bei einer lesbischen Tochter und deren Partnerin sucht ein Vater eher die Gelegenheit, beide Frauen zu beschützen.

> *„Nicht selten genießen sie es, ihre Töchter mehr um sich zu haben; sie nicht mit einem Mann teilen zu müssen. Wenn es also gut zwischen Vater und lesbischer Tochter plus Geliebter geht, dann hat er doch das tolle Gefühl, Schutzpatron für beide Frauen und die Kinder zu sein."* [170]

---

[167] Sasse, 1995, S. 89
[168] Sasse, 1995, S. 89
[169] Sasse, 1995, S. 90
[170] Sasse, 1995, S. 91

## 4.1.2 Reaktionen der Geschwister

Sind Geschwister vorhanden, spielen diese häufig eine wesentliche Rolle. Sie können wie eine Freundin oder ein Freund für eine lesbische Mutter sein. Es kommt vor, dass sie zwischen der lesbischen Schwester und den Eltern vermitteln. Aus verschiedenen Gründen kann deren Reaktion auf die lesbische Lebensweise der Schwester aber auch ablehnend sein. Mögliche Gründe können Eifersucht sein; wenn beispielsweise zwei Schwestern eng miteinander befreundet sind, spielt eventuell Eifersucht gegenüber der Partnerin ihrer Schwester eine Rolle. Die Partnerin nimmt in den Augen der sich zurückziehenden Schwester den Platz der Freundin ein, den Platz, den sie vorher innehatte. Folgt daraufhin ein Kontaktabbruch von Seiten der Schwester, kann das eine Belastung für die Beziehung des Lesbenpaares bedeuten, wenn die Lesbe unter der Situation leidet.

Es gibt dagegen auch lesbische Mütter, die ein enges inniges Verhältnis mit ihrer Schwester haben. Die eine positive Rückmeldung für ihre Lebensform von ihr bekommen. Die Schwester *„sorgt auch dafür, dass die Kinder mitkriegen, dass sie [die Schwester A.d.A.] die Beziehung völlig in Ordnung findet, damit sie [die Kinder A.d.A.] ihre Ängste abbauen, so nach dem Motto: Guckt mal, ich bin eine von außen, ich finde es schön, mit euch und den beiden Müttern zusammenzusein, also ist die Art von Beziehung auch in Ordnung, so wie ihr beteiligten Leute auch!"* [171]

Zum Verhältnis von Lesben mit ihren Brüdern gibt es ebenso unterschiedliche Aussagen, wobei deren Reaktionen fast ausschließlich positiv waren. Eine beschreibt ihren Bruder jetzt *„wie einen guten Kumpel, im Gegensatz zu früher. Wir tauschen unsere Frauenerfahrungen immer aus."*[172] Eine andere Frau hat einen schwulen Bruder, der sie um ihre Kinder beneidet.

Zusammenfassend hat Sasse den Eindruck, dass Brüder weniger Probleme mit dem Lesbischsein ihrer Schwestern haben als weibliche Geschwister, und dass sie anders damit umgehen. Es scheint ihrer Meinung nach eine Korrelation zu den Vätern zu geben. Ihrer Erfahrung nach ist es bei schwulen Männern seitenverkehrt: Mütter und Schwestern reagieren weniger ablehnend auf einen Schwulen als Väter und Brüder. Nach Sasse ist eine mögliche Erklärung, dass die anderen Familienmitglieder unterschwellig Angst vor den eigenen homosexuellen Anteilen haben.[173]

---

[171] Sasse, 1995, S. 96
[172] Sasse, 1995, S. 96
[173] vgl. Sasse, 1995

## 4.2 Reaktionen der lesbisch- schwulen Gemeinschaft

Nachdem es innerhalb der Herkunftsfamilien von lesbischen Müttern unterschiedlichste Reaktionen auf die Lebensweise gibt- teilweise erfahren die Frauen ganz heftige Diskriminierung (s.o.)-, war es mir ebenso wichtig, mich mit Reaktionen der lesbisch- schwulen Community zu beschäftigen. Leider habe ich bei meiner Literatursuche bisher nur zwei Quellen gefunden. Eine davon ist nicht besonders aktuell. Das überrascht mich, da ich thematisch diesbezüglich mehr erwartet hatte.

In Deutschland repräsentierte sich die lesbisch- schwule Szene lange Zeit über kinderlos.

> *„Mitte der 80er Jahre galt es als sehr unfein, wenn du als Lesbe Kinder hattest. Zu der Zeit warst du irgendwie ein merkwürdiges Wesen. Dann kam noch hinzu, dass ich einen Jungen hatte (...). Die Ablehnung in der Lesbenszene hat uns schon sehr zugesetzt."* [174]

Viele Lesben und Schwule hatten häufig mit ihrem Coming- Out ihren Kinderwunsch ad acta gelegt. Mittlerweile ist eine lesbische Mutter oder ein schwuler Vater in Teilen der schwul- lesbischen Community nicht mehr ganz allein.

Es kommt vor, dass langjährige Freundinnenschaften durch die Geburt eines Kindes zerbrechen.

> *„Zehn Jahre lang waren wir miteinander befreundet, und als der Kleine geboren wurde, ist meine Freundin ausgeflippt. Sie meinte, wir würden einen potenziellen Vergewaltiger großziehen."* [175]

Thiel deutet die Aussage, indem Lesben ihrer Meinung nach auch gesellschaftliche Ausgrenzungsmechanismen reproduzieren, indem sie sich einer Auseinandersetzung bzw. Konfrontation mit lesbischer Mutterschaft entziehen. Daher ergibt sich die Notwendigkeit nach lesbischen Müttergruppen oder privaten Kontakten mit anderen lesbischen Müttern. [176] Beispielsweise hat sich ilse, die Initiative lesbischer und schwuler Eltern gegründet. Veränderungen innerhalb der lesbischen und schwulen Gemeinschaft hat es auf jeden Fall gegeben, da Lesben und Schwule versuchen, ihren Wunsch nach Kindern auf unterschiedlichste Arten umzusetzen. Vorbild bezüglich Vernetzung von homosexuellen Eltern sind die USA; dort gibt es seit Anfang der 70er Jahre verschiedene Organisationen für homo-

---

[174] Thiel, 1996, S. 112
[175] Thiel, 1996, S. 113
[176] vgl. Thiel, 1996, S. 113

sexuelle Eltern, u.a. die Gay and Lesbian Coalition International (Internationale schwul- lesbische Vereinigung). Im weiteren möchte ich nicht ausführlicher auf Aktivitäten von Vernetzungen lesbischer und schwuler Eltern eingehen.

In den letzten paar Jahren reagiert m.E. die lesbisch- schwule Community in Bezug auf das Kinderkriegen in den eigenen Reihen toleranter, da mehrere Lesben und Schwule ihren Kinderwunsch realisiert haben. Lesbische und schwule Netzwerke erlangen eine besondere Bedeutung und werden bisweilen zu einer sogenannten Wahlfamilie gezählt. Homosexuelle messen im Gegensatz zu vielen Heterosexuellen Wahlfamilien oder Freundschaften eine große Bedeutung bei. Dabei werden Paarbeziehungen und Wahlfamilien nicht als konkurrierend begriffen. Wahlfamilien werden nicht auf die Paarbeziehung reduziert. [177]

## 4.3 Reaktionen am Arbeitsplatz

Die meisten lesbischen Mütter müssen ihren Lebensunterhalt selbst verdienen. Da Frauen in dieser Gesellschaft bekanntlich nach wie vor weniger verdienen als Männer, würde das Gehalt einer Frau nicht ausreichen für ihre Partnerin und die Kinder. Es gibt unterschiedlichste Arten, wie Lesbenpaare für die finanzielle Unterstützung ihrer Familie aufkommen; entweder machen sie Jobsharing (beide arbeiten halbtags) oder ein paar Jahre verdient die eine und dann die andere das Geld. Durch die Berufstätigkeit ergibt sich aber auch ein weiteres soziales Umfeld, in dem die meisten lesbischen Frauen, und erst recht Mütter, vorsichtig sind, etwas über sich zu erzählen.[178] Lesbische Frauen ohne Kinder können im Beruf freier leben und agieren. Sobald sie aber Verantwortung für andere, z.B. Kinder tragen, haben sie selbst das Gefühl der Abhängigkeit. Aber auch die Vorgesetzten, kennen und nutzen diesen Umstand. Entsprechend verlaufen dann auch die Verhandlungen über einen möglichen Aufstieg oftmals negativ.[179] Eine Gesprächspartnerin von Sasse war sexueller Belastigung durch ihren Chef ausgeliefert. Letztendlich hat sie sich einen anderen Arbeitsplatz gesucht. Eine andere Frau hat vor ihren Kolleginnen und Kollegen aus ihrer Partnerin einen Partner gemacht, weil täglich Schwulenwitze erzählt wurden. Sie hatte extra eine Flasche Rasierschaum gekauft, aus Angst, eine Arbeitskollegin käme zufällig vorbei.[180]
Diese Beispiele drücken aus, dass die Frauen einem enormen Druck standhalten (müssen). Es ist ein stetiges Abwägen, sich am Arbeitsplatz

---

[177] vgl. Buba/ Vaskovics, 2001, S. 340
[178] vgl. Sasse, 1995, S. 164
[179] vgl. Sasse, 1995, S. 167
[180] vgl. Sasse, 1995, S. 167

als lesbische Frau und gleichzeitig als Mutter erkennen zu geben. Viele Lesben und Schwule können sich diese Offenheit gegenüber Kolleginnen und Kollegen nicht vorstellen.

*„Sie befürchten eine soziale Kontrolle durch Dritte. Das Resultat ist, dass sie ihren lesbisch- schwulen familialen Zusammenhalt (ver-) leugnen oder aberwenn sie als 'geschiedene Frau' oder als der 'alleinerziehende Vater' wahrgenommen werden- dies nicht geraderücken. Vielfach bieten Kinder in beruflichen Situationen eine Alibifunktion. Wer Kinder zu Hause hat, kann nicht lesbisch oder schwul sein."*[181]

Dieses Vorurteil bietet sich an, wenn sich eine unter keinen Umständen am Arbeitsplatz outen möchte bzw. kann.

Reaktionen auf ein Coming- Out sind aber nicht immer negativ. Hier besteht oftmals eine Wechselwirkung. Je selbstverständlicher und selbstbewusster Lesben und Schwule ihre Lebensform darstellen, desto weniger angreifbar sind sie. Kinder können- wie bei Louise- sogar der Auslöser für ein Outen sein:

*„Als ich schwanger war, habe ich es meinem Boss erzählt und war auf seine Reaktion ziemlich gespannt. Er meinte dann: Ich wusste gar nicht, dass du einen Freund hast, den hast du nie erwähnt. Und ich sagte: Ich habe ihn nie erwähnt, weil es kein Er ist sondern eine Sie. Darauf er: Davon habe ich schon gehört. [...] Es ist ein Mädchen geworden, und gelegentlich kauft er ihr kleine Geschenke; gibt mir mal ein T- Shirt mit oder lustiges Spielzeug."*[182]

Sicher ist, dass Louise keine Angst mehr zu haben braucht, dass einE KollegIn ihrem Chef mitteilt, dass sie eine lesbische Mutter ist. Niemand in der Firma kann sie damit unter Druck setzen, da sie ganz selbstbewusst bestimmt hat, wann für sie der richtige Zeitpunkt gekommen ist, ihrem Arbeitgeber von ihrer Familie zu erzählen.

Ich nehme an, dass es einen enormen Unterschied macht, ob eine lesbische Mutter in einer Großstadt oder in einer Kleinstadt oder sogar in einer ländlichen Gegend lebt. In Großstädten ist die Chance größer, dass ihre lesbische Lebensweise am Arbeitsplatz akzeptiert wird.

---

[181] Thiel, 1996, S. 110
[182] Thiel, 1996, S. 110

*„Es ist eine Frage der Einschätzung und der inneren Stärke, ob man bzw. frau sich am Arbeitsplatz als homosexuell zu erkennen gibt oder nicht. Da Lesben und Schwule noch immer unter Diskriminierungen zu leiden haben, ist die Angst davor, einen Arbeitsplatz entweder erst gar nicht zu bekommen oder ihn zu verlieren, nicht unbegründet, obwohl die private Lebensführung kein Unternehmen zur Kündigung berechtigt. Dennoch fällt es Arbeitgebern oft leicht, Gründe vorzuschieben, gegen die scheinbar nur schwer gerichtlich vorgegangen werden kann."* [183]

Buba entwickelte sieben Kategorien von Diskriminierungen und Benachteiligungen am Arbeitsplatz: verbale Aggression, physische Gewalt, Arbeitsbehinderung, Karriereblockaden, Ignorieren der gleich-geschlechtlichen Orientierung, Sexualisierung und soziale Ausgrenzung. Damit wird ein Großteil der Erfahrungen von Lesben und Schwulen in der Arbeitswelt erfasst. Darüber hinaus gibt es subtilere und indirektere Formen von Diskriminierung. Ein Fünftel der befragten Lesben und Schwule berichteten von verbaler Aggression, damit sind u.a. Anspielungen und Beleidigungen gemeint.[184] Ich möchte im Folgenden nicht ausführlicher auf weitere Diskriminierungen und Benachteiligungen von Lesben am Arbeitsplatz eingehen.

## 4.4 Reaktionen im Kindergarten und in der Schule

Lesbische Mütter, die offen lesbisch und mit ihrer Partnerin und Kindern in einer dauerhaften Lebensgemeinschaft leben, erfahren Ausgrenzung und Diskriminierung. Die Ausgrenzungen sind oft subtil: Freundinnen und Freunde der Kinder dürfen plötzlich nicht mehr zu „so einer" Familie zu Besuch kommen. Kinder erfahren im Kindergarten und in der Schule Heterosexualität als Norm und das klassische heterosexuelle Familienmodell als gesellschaftlich erwünscht. Lesbische und schwule Lebens- und Familienformen kommen nicht vor. Die Kinder müssen so den Eindruck gewinnen, dass ihre Familienform nicht akzeptiert ist.[185] Verunsichert werden Kinder oft weniger durch Fragen anderer Kinder, als vielmehr durch die Bemerkung von Erwachsenen, die ungläubig nachhaken, ob denn tatsächlich keine Mama (oder kein Papa, A.d.A.) zu Hause sei.[186]
In solchen Situationen brauchen Kinder Unterstützung von ihren Eltern, damit sie nicht das Gefühl bekommen, etwas zu Hause sei nicht in Ordnung. Da das Thema *Familie* im Kindergarten und in der Schule immer wieder vorkommt, *ist dies ein geeigneter Augenblick, ihnen zu Hause und in der Schule zu erklären, dass es viele Familienformen gibt, dass diese*

---

[183] Thiel, 1996, S. 109
[184] vgl. Buba/ Vaskovics, 2001, S. 153
[185] vgl. Lähnemann, 1997, S. 17
[186] vgl. Thiel, 1996, S. 107

*unterschiedlich aussehen können und dass keine von ihnen besser oder schlechter als die andere sein muss.*" [187]

Es ist von Vorteil, wenn das Kindergarten- und Schulpersonal über die Familiensituation Bescheid weiß, da es dann die Kinder eher emotional auffangen kann. Voraussetzung ist allerdings, dass BetreuerInnen und PädagogInnen unvoreingenommen gegenüber gleichgeschlechtlichen Lebensweisen sind.

> *„Leider gibt es keine Garantie dafür, dass Erzieherinnen und Erzieher oder Lehrerinnen und Lehrer unterschiedlichen Lebensformen aufgeschlossen gegenüberstehen. Nur in den seltensten Fällen werden diverse Familienmodelle selbst zum Unterrichtsgegenstand. Wieder sind Lesben und Schwule gefordert, etwas zur Bewusstseinsveränderung beizutragen, beispielsweise, indem sie sich offensiv zeigen bei Elternabenden."*[188]

Es ist leider keine Seltenheit, dass Kinder die Lebensform ihrer lesbischen Mütter und schwulen Väter aus Angst vor Ablehnung und Diskriminierung verschweigen.[189] Der Eindruck für Kinder aus gleichgeschlechtlichen Familien, dass mit ihrer Familie etwas nicht in Ordnung sei, wird forciert, indem beispielsweise Kindern durch Schulbücher vermittelt wird, dass Homosexualität u.a. operativ zu behandeln sei.[190]
Der Fachbereich für gleichgeschlechtliche Lebensweisen in Berlin hat es sich zur Aufgabe gemacht, langfristig zu erreichen, dass in Lehrbüchern Homosexualität und Heterosexualität als gleichwertige Formen menschlicher Sexualität und Lebensweise dargestellt werden.

Lehrkräfte sollen durch Fortbildungen[191] eine akzeptierende Haltung gegenüber lesbischen, schwulen und bisexuellen Lebensformen entwickeln und weitervermitteln.[192]

---

[187] Thiel, 1996, S. 108
[188] Thiel, 1996, S. 108; siehe dazu auch: Faerber, 2002: Roman, der die Liebesgeschichte zwischen einer jungen Frau zu einer älteren Frau beinhaltet. Ist vom Verlag als Schullektüre vorgesehen.
[189] vgl. Thiel, 1996, S. 17
[190] vgl. Lähnemann, 1997, S. 17: 1993 wandte sich eine lesbische Mutter an den Fachbereich für gleichgeschlechtliche Lebensweisen, da im Sexualkundebuch der 7. Klasse, die ihre Tochter besuchte, in dem unter „Ursachen und Behandlungsmöglichkeiten der Homosexualität" massive Vorurteile und wissenschaftlich überholte Untersuchungen verbreitet wurden: Homosexualität entstehe durch die Verführung durch ältere Menschen, Fehlentwicklungen im frühen Kindesalter oder Gehirnschäden und sei durch Medikamente, Operationen oder Psychotherapie zu behandeln. Es stellte sich zwar heraus, dass dieses Buch nicht auf der Liste der in Berlin zugelassenen Schulbücher steht; trotzdem ist nicht auszuschließen, dass es an Schulen in anderen Bundesländern benutzt wird.
[191] Fortbildungen in Berlin werden u.a. von Kombi- Kommunikation und Bildung vom anderen Ufer und vom Jugendnetzwerk Lambda durchgeführt- Kombi für Erwachsene, Lambda für Schülerinnen, Schüler und Auszubildende.
[192] vgl. Lähnemann, 1997, S. 17

*„Lesbische Mütter benötigen eine gehörige Portion Stärke und Selbstbewusstsein, um trotzdem offensiv für ihre Lebensweise einzutreten. Dennoch ist es wichtig, nicht zuletzt um der Kinder willen. Gerade lesbische Mütter, die den Schritt in die Öffentlichkeit geschafft haben, halten die Erziehung ihrer Kinder häufiger als heterosexuelle Paare für eine gemeinsame Aufgabe. Es ist auffällig, wie oft sie zusammen zu Elternabenden gehen, während in der traditionellen Familie meist nur die Mutter für solche Pflichten zuständig ist."* [193]

Nicht alle lesbischen Mütter outen sich gegenüber dem Personal im Kindergarten oder der Schule. Eine Ursache ist Angst vor den Reaktionen von Seiten des pädagogischen Personals. Lesbische Mütter befürchten, dass ihre Kinder aufgrund ihrer Lebensweise benachteiligt, ausgeschlossen und von anderen Kindern missachtet werden. Folgende Aussage ist von einer Mutter, die ihre sexuelle Identität gegenüber den Lehrerinnen und Lehrern ihrer Tochter verschweigt:

*„Ich beuge häufig Diskriminierungen vor, z.B. indem ich einen längeren Schulweg für meine Tochter in Kauf nehme, und zwar 7 km mit dem Auto anstatt Fußweg zur Grundschule um die Ecke. Weil ich weiß, dass die weitere Schule freier ist und ich daher weniger Diskriminierungen für meine Tochter befürchten muss."* [194]

Zusammenfassend lässt sich sagen, dass es lesbischen Müttern noch immer schwer gemacht wird, sich gegenüber dem pädagogischen Personal ihrer Kinder zu outen. Sie können mögliche Homophobie von Seiten des Personals nicht ausschließen, ebenso können sie oft nicht einschätzen, wie Eltern von anderen Kindern auf ihre Lebensweise reagieren würden. Dieses Risiko ist nachvollziehbar, dennoch werden sich Vorurteile in den Köpfen von Personal und anderen Eltern schwieriger anpacken lassen, wenn sie zu ihrer Familienform schweigen. In jedem Fall ist es von vielen äußeren Faktoren abhängig, ob die Mutter sich - gemeinsam mit ihrer Partnerin - in diesem Bereich outet oder nicht.

---

[193] Thiel, 1996, S. 108ff
[194] Buba/ Vaskovics, 2001, S. 229

## 4.5 Reaktionen der Umwelt- Zusammenfassung

Zusammenfassend lässt sich m.e. sagen, dass lesbische Mütter in allen gesellschaftlichen Bereichen Diskriminierungen erfahren.[195] Es wurden die Reaktionen von Seiten der Herkunftsfamilie(n), des Personals und der anderen Eltern innerhalb der pädagogischen Einrichtungen der Kinder, der ArbeitskollegInnen und der lesbisch- schwulen Community ausführlich thematisiert.

Wie schon erwähnt, sind die Reaktionen der Herkunftsfamilie(n) zum Teil sehr ablehnend. Manche Eltern haben große Probleme mit der lesbischen Lebensweise ihrer Töchter. Gründet diese zudem eine Familie, wird der Kontakt zwischen Eltern und Tochter nicht zwangsläufig leichter. Erwarten heterosexuelle Paare Nachwuchs, stellen Eltern in der Regel die Lebensweise ihrer Kinder nicht in Frage. Von Seiten der Geschwister gibt es teilweise auch Unverständnis und Ablehnung gegenüber der Lebensweise ihrer Schwester.

In den pädagogischen Einrichtungen, die von den Kindern lesbischer Mütter besucht werden, wissen nur sehr wenige über die Familienform Bescheid.[196] Im Kindergarten besteht der meiste Kontakt zwischen Eltern und Personal. Dennoch halten viele ihre gleichgeschlechtliche Lebensweise gegenüber dem pädagogischen Personal geheim. Als die häufigste Benachteiligung wird von denen, die sich outen, bewertet, *„dass die Existenz lesbischer und schwuler Lebensweise in vielen pädagogischen Einrichtungen vollkommen ausgeklammert oder ausschließlich negativ dargestellt wird."* [197]

Der Arbeitsplatz ist ebenso ein Ort, an dem lesbische Mütter Diskriminierungen aufgrund ihrer Lebensweise erleben. Die Formen dessen können sehr unterschiedlich sein. Zum einen werden die Diskriminierungen eher offensichtlich geäußert, zum andern subtiler und indirekter. Laut Starkes Befragung fürchten lesbische Frauen Nachteile für ihre Kinder, nicht infolge des Lesbischseins der Mutter oder beider Mütter, sondern durch die Reaktionen der Umwelt: der Verwandten, BekanntInnen, LehrerInnen und FreundInnen.[198]

---

[195] vgl. Lähnemann, 1997, S. 16
[196] Buba/ Vaskovics, 2001, S. 228
[197] Buba/ Vaskovics, 2001, S. 228
[198] vgl. Starke, 1998, S. 11; vgl. Rauchfleisch, 1996

# 5 Rechtslage von lesbischen Elternpaaren

## 5.1 Rechtliche Benachteiligungen und deren Auswirkungen für lesbische Familien

Unabhängig davon, ob ein Lesbenpaar Kinder aus früheren heterosexuellen Beziehungen hat oder ob Kinder durch Insemination in die Beziehung hineingeboren wurden- für diese Form der gemeinsamen Elternschaft bei gleichgeschlechtlichen Paaren gibt es bisher keinerlei rechtliche Absicherung.[199]

Seit dem 01.08.01 können Lesben und Schwule ihre Partnerschaft als Lebenspartnerschaft registrieren lassen. Das Gesetz berücksichtigt Verbesserungen für soziale Eltern und Kinder, die in gleichgeschlechtlichen Lebensgemeinschaften aufwachsen. Dieses wird unter 5.2 erläutert.

Im Folgenden werden nur einige Benachteiligungen für gleichgeschlechtliche Elternpaare gegenüber heterosexuellen Eltern-paaren genannt, die vornehmlich die Kinder betreffen.

➢ Ein Co- Elternteil, das für den Lebensunterhalt des Kindes und ggf. auch der Partnerin/ des Partners aufkommt, kann die Ausgaben nicht steuerlich absetzen. Es ist beispielsweise nicht möglich, die Kinder auf die Steuerkarte eintragen zu lassen.

➢ Die sozialen (Co- ) Mütter bzw. Väter können kein Erziehungsgeld erhalten, wie dies für eheliche und nichteheliche Väter möglich ist.

➢ Sie haben keinen Anspruch auf Erziehungsurlaub (wie z.B. auch Stiefeltern).

➢ Beim Kindergeld werden die Kinder von zwei Lesben oder Schwulen, die mit jeweils eigenen Kindern in einem gemeinsamen Haushalt leben, nicht zusammengezählt- während bei Stieffamilien für das dritte und jedes weitere Kind ein erhöhtes Kindergeld gezahlt wird.[200]

Durch die Nicht- Anerkennung der sozialen Elternschaft können sich in einzelnen Familien erhebliche soziale und ökonomische Nachteile und Härten ergeben.[201]

Die derzeitige Rechtslage stellt eine enorme Benachteiligung für homosexuelle Familien gegenüber anderen Familien dar. Diese Situation ist teilweise für die Co- Mütter und die biologischen Mütter schwer aushalten. Auf lesbische Beziehungen wirkt sich diese Rechtsunsicherheit häufig belastend aus: beispielsweise traut sich die sorgeberechtigte Mutter nicht, Teile der Verantwortung an ihre Partnerin abzugeben.

---

[199] vgl. Lähnemann, 1997, S. 40
[200] vgl. Lähnemann, 1997, S. 41
[201] vgl. Buba/ Vaskovics, 2001: Zur Benachteiligung gleichgeschlechtlicher Partnerschaften gegenüber Ehen; vgl. auch: Schimmel, 1996, S. 22ff., sowie Bruns, 1996, S. 6ff. und Steinmeister, 1996, S. 214ff.; vgl. Burmeister, 2000, S. 17- 21

*„Die Partnerin hält ihren Standpunkt in Erziehungsfragen zurück, weil sie 'ja doch nichts zu sagen hat' usw. Darüber hinaus ist es schwieriger, als für heterosexuelle Partner/innen, in der Lebenswelt des Kindes ernst genommen zu werden."[202]*

Offensichtlich ist, dass gleichgeschlechtliche Paare mit Kindern gegenüber heterosexuellen Paaren mit Kindern benachteiligt sind. Diese können heiraten, um ihre Kinder abzusichern, falls beispielsweise der Mutter etwas zustoßen sollte. Wer nicht biologischer Elternteil ist, kann die Kinder der Ehepartnerin/ des Ehepartners adoptieren (Stiefelternadoption), und die Eltern erhalten so das gemeinsame Sorgerecht.[203] Diese Möglichkeiten sind für homosexuelle Elternpaare rechtlich bisher nicht zugänglich.

Beispielsweise werden in Kalifornien gleichgeschlechtliche Paare unter bestimmten Umständen bei der Einkommenssteuer unverheirateten heterosexuellen Paaren gleichgestellt.[204]

## 5.2 Rechte und Pflichten des Co- Elternteils im Verhältnis zum Kind

### Exkurs zum Kindschaftsrecht:

Das Elternrecht, aus dem sich das Sorge- und Umgangsrecht ableitet, steht nach Art. 6 des Grundgesetzes ausschließlich den biologischen Eltern eines Kindes zu. Bevor am 01.07.1998 das neue Kindschaftsrecht in Kraft trat, konnten Eltern nur dann beide die Gemeinsame Sorge nach § 1626 BGB ausüben, wenn ein Kind ehelich geboren wurde. Es hat folgende Veränderungen gegeben: besteht bei Geburt des Kindes keine Ehe, gilt die Alleinsorge der biologischen Mutter nach § 1626a II BGB. Es sei denn die Mutter heiratet (§ 1626a I BGB) oder sie verfügt eine Sorgerechtserklärung (§1626a I BGB), dann erhalten Mutter und Vater die Gemeinsame Sorge.[205]

Diese Regelung gilt ausschließlich für Kinder von heterosexuellen Paaren. Ausnahmen beim Sorgerecht gelten nur bei einer Adoption. In diesem Fall geben die biologischen Eltern eines Kindes ihr Sorgerecht an die Adoptiveltern, die Adoptivmutter und/ oder den Adoptivvater ab.

---

[202] Lähnemann, 1997, S. 14
[203] vgl. Lähnemann, 1997, S. 41
[204] Eine lesbische Frau namens Hisserich lebt seit 14 Jahren mit ihrer Partnerin zusammen, die 1997 nach Insemination ein Kind zur Welt brachte. Tory Patterson hatte ihren Beruf aufgegeben, um sich ganz der Erziehung ihres Kindes widmen zu können. Hisserich klagte vor drei Jahren, weil sie ihre Lebenspartnerin und deren Kind finanziell unterstützt. In ihrer Steuererklärung bezeichnete sie sich als Haushaltsvorstand, ein Kriterium, das unverheirateten Paaren eine Steuerersparnis einbringt. Die Finanzbehörde lehnte das ab. Die jetzige Entscheidung des Schiedsgerichts bringt Hisserich eine Steuerersparnis von gut 1000 Dollar jährlich, vgl. Queer News, 2000, S.1
[205] vgl. Busche, 2001, S. 1

Soziale Elternschaft wird in den Augen des Gesetzes nicht als Elternschaft anerkannt und bewertet.[206] Soziale Elternschaft oder Co- Eltern sind beispielsweise die Partnerin der biologischen Mutter oder der Partner des biologischen Vaters. Der Status der Co- Elternschaft beinhaltet grundsätzlich keine Rechte und keine Pflichten im Verhältnis zum Kind, unabhängig wie lange eine Frau oder ein Mann an der Betreuung und Erziehung eines Kindes beteiligt war.

Es gibt z.B. keine gesetzliche Unterhaltsverpflichtung, kein wechselseitiges gesetzliches Erbrecht und kein Umgangsrecht im Trennungsfall eines homosexuellen Elternpaares. Allerdings kann eine Unterhaltsverpflichtung des Co- Elternteils vertraglich begründet werden. *„Zu beachten ist hier wieder, dass sich dadurch die Unterhaltsverpflichtung eines Elternteils nicht wirksam gegenüber dem Kind ausschließen lässt. Ein Umgangsrecht im Fall einer Trennung kann vertraglich begründet werden. Allerdings besteht hier das Risiko, dass dies von einem Gericht nicht als wirksam angesehen werden könnte, vorausgesetzt, dass von deren Seite der Umgang mit dem Co- Elternteil nicht im Kindeswohl[207] liegt."[208]*

Im Folgenden wird ausführlicher benannt, welche möglichen Regelungen ein gleichgeschlechtliches Elternpaar schriftlich fixieren kann, um durch *Vollmachten, Verfügungen* oder *Vereinbarungen* einen reibungsloseren Familienalltag zu gewährleisten.

### 5.2.1 Vollmachten für Co- Mütter

Dem Co- Elternteil lassen sich durch entsprechende Vollmachten „Befugnisse" übertragen, für das Kind zu handeln oder zu entscheiden, die den Alltag betreffen. Zum Beispiel kann die Co- Mutter gegenüber der Schule, der Kindertagesstätte oder ÄrztInnen bevollmächtigt werden. Damit erhält die Co- Mutter das Recht, die Mutter beispielsweise beim Elternsprechtag zu vertreten oder anstelle der sorgeberechtigten Mutter eine Entschuldigung für Fehlzeiten in der Schule zu unterschreiben.[209] Diese Art Vollmachten können weiterhin auch für Behörden, z.B. für das Sozialamt oder das Jugendamt in schriftlicher Form verfasst werden. Wenn die Co- Mutter

---

[206] vgl. Streib, 1996, S. 103ff.
[207] Zum *Wohl des Kindes* gehört in der Regel der Umgang mit beiden Elternteilen und Gleiches gilt für den Umgang mit anderen Personen, zu denen das Kind Bindungen besitzt, wenn ihre Aufrechterhaltung für seine Entwicklung förderlich ist. Die Regelung des Umgangsrechtes geht von dem Grundsatz aus, der in § 626 III BGB vom Gesetzgeber formuliert ist, vgl. AE- Info (Alleinerziehenden- Info, A.d.A.), 2000, S. 1
[208] Siegfried, 2002, S. 84
[209] vgl. Streib, 1996, S. 104; weitere Vordrucke für Vollmachten sind dem Buch zu entnehmen.

allein mit dem Kind verreisen möchte, kann es ebenfalls sinnvoll sein, dass die biologische Mutter eine Vollmacht ausstellt.

Hat ausschließlich die biologische Mutter die elterliche Sorge, kann ausschließlich sie ihrer Partnerin entsprechende Vollmachten erteilen. Wenn einem Vater ebenfalls die elterliche Sorge zusteht, müssen o.g. Vollmachten auch von ihm erteilt werden.

## 5.2.2 Trennung eines lesbischen Elternpaares

Im Falle einer Trennung eines lesbischen Elternpaares bleibt die Co- Mutter ohne Rechte, sie hat nicht einmal ein Recht auf persönlichen Umgang mit dem Kind. Es ist notwendig, für die Kinder und für die Co- Mütter Regelungen für einen weiteren Umgang und Kontakt miteinander zu finden.

> *„Der sorgeberechtigte Elternteil sollte verpflichtet sein, diese Kontakte zu ermöglichen."* [210]

Gesetzlich festgelegte Unterhaltsverpflichtungen gibt es in lesbischen Lebensgemeinschaften mit Kindern nicht. Diese gelten ausschließlich für heterosexuelle Paare. Weder das Kind noch die Mutter, die sich hauptsächlich um das Kind gekümmert hat, haben Anspruch auf Unterhalt. Es gibt für lesbische Lebensgemeinschaften mit Kindern höchstens die Möglichkeit, schriftliche Vereinbarungen zu treffen, wie der Unterhalt und das Umgangsrecht im Falle einer Trennung geregelt werden sollen.

## 5.2.3 Verfügung für den Todesfall

Wenn bei einem lesbischen Elternpaar die biologische Mutter stirbt, muss das Vormundschaftsgericht entscheiden, wem die Vormundschaft für die Kinder übertragen werden soll. Hierbei soll eine Entscheidung zum *Wohl des Kindes* getroffen werden. Auch hier ist es ratsam, dass die Mutter eine Verfügung verfasst, in der sie im Falle ihres Todes bestimmt, dass die Vormundschaft ihrer Partnerin übertragen werden soll. In dieser Verfügung kann sie ebenfalls auch die Personen benennen, die nicht Vormund werden sollen. Das Vormundschaftsgericht ist an diese Verfügung nicht gebunden, doch sind die Chancen relativ gut, wenn keine Gründe dagegen sprechen und diese Regelung dem *Wohl des Kindes* entspricht. Wenn das Kind zu dem leiblichen Vater in den letzten zwei bis drei Jahren keinen

---

[210] Lähnemann, 1997, S. 42

82

Kontakt hatte, ist davon auszugehen, dass sich das Vormundschaftsgericht nach dieser Verfügung richtet.[211]

Ich vermute eher Schwierigkeiten für eine Co- Mutter, wenn ein regelmäßiger Kontakt zwischen dem leiblichen Vater und den Kindern bestand. In diesem Fall hätte der Vater sicherlich gute Chancen, die Vormundschaft übertragen zu bekommen. Dabei würde die soziale Mutter möglicherweise den Kontakt zu ihren Kindern ganz verlieren, da ihr rechtlich weder Umgangs- noch Sorgerecht zusteht.

Musterbeispiele für solche Verfügungen sind in dem Buch von Streib zu finden. Die Vollmachten, Verfügungen und Vereinbarungen sind rechtlich verbindlich, können aber jederzeit widerrufen werden. Allerdings gelten notariell beglaubigte Vollmachten, Verfügungen und Vereinbarungen als fälschungssicher. Die Chance, sie anzufechten, ist geringer. Der Notar oder die Notarin bestätigt, dass die Vollmachten und Verfügungen im „Vollbesitz der geistigen Kräfte" unterschrieben wurden. Die Kosten einer Beglaubigung betragen ungefähr 100,-DM.[212]

Die Rechtslage für lesbische und schwule Familien hat sich mit dem Lebenspartnerschaftsgesetz kaum verändert bzw. verbessert. Auch ist es nicht abzusehen, dass in den nächsten Jahren Co- Mütter das Sorgerecht erhalten können. Eine Stiefelternadoption- das heißt, das Kind einer Partnerin zu adoptieren- ist für lesbische Frauen, die sich als Co- Mutter verstehen, ebenso wenig möglich wie das gemeinsame Adoptionsrecht für gleichgeschlechtliche Paare.

---

[211] vgl. Streib, 1996, S. 112
[212] vgl. Streib, 1996, S. 112, (etwa 50 Euro, A.d.A.)

## 5.3 Das Lebenspartnerschaftsgesetz

Das Lebenspartnerschaftsgesetz (LPartG) ist im Artikel 1 des Gesetzes zur Beendigung der Diskriminierung gleichgeschlechtlicher Lebensgemeinschaften seit dem 16.02.2001 verankert.[213] Das LPartG gewährt im Innenverhältnis u.a. Unterhaltsansprüche und erbrechtliche Ansprüche. Es beteiligt die/ den wirtschaftlich schwächereN Partnerin/ Partner bei Scheitern der Lebenspartnerschaft am Vermögen des anderen. Die Regelung entspricht der für Ehepaare. Bei Begründung der Lebenspartnerschaft müssen die Partnerinnen/ Partner sich entscheiden, ob sie den gesetzlichen Vermögensstand (Ausgleichsgemeinschaft) wählen oder einen anderweitigen Vertrag über die Vermögensverhältnisse vorlegen.[214]

Im Folgenden findet der Gesetzestext Erwähnung, dessen Form und Voraussetzungen nach § 1 LPartG lautet: „Zwei Personen gleichen Geschlechts begründen eine Lebenspartnerschaft, wenn sie gegenseitig persönlich und bei gleichzeitiger Anwesenheit erklären, miteinander eine Partnerschaft auf Lebenszeit führen zu wollen (Lebenspartnerinnen oder Lebenspartner). Die Erklärungen können nicht unter einer Bedingung oder Zeitbestimmung abgegeben werden. Die Erklärungen werden wirksam, wenn sie vor der zuständigen Behörde erfolgen. Weitere Voraussetzung für die Begründung der Lebenspartnerschaft ist, dass die Lebenspartner eine Erklärung über ihren Vermögensstand (§ 6 Abs. 1) abgegeben haben."[215]

Im Lebenspartnerschaftsgesetz (LPartG) gibt es u.a. Regelungen zu folgenden Themen: § 3 zum Partnerschaftsnamen, § 5 zur Verpflichtung zum Lebenspartnerschaftsunterhalt, § 6 zur Erklärung über den Vermögensstand, § 10 regelt das Erbrecht, § 11 Sonstige Wirkungen der Lebenspartnerschaft, § 12 berücksichtigt den Unterhalt bei Getrenntleben und § 15 die Aufhebung der Lebenspartnerschaft.

Ich möchte im Folgenden nicht auf die einzelnen Paragraphen eingehen, da mein Untersuchungsgegenstand ausschließlich die Regelungen von gleichgeschlechtlichen Eltern- insbesondere von Co- Müttern- und Kindern betrifft, die in lesbischen Familien aufwachsen.

---

[213] vgl. Meyer/ Mittelstädt, 2001, S. 31
[214] vgl. Steinbach, 2002, S. 3
[215] Meyer/ Mittelstädt, 2001, S. 31

## 5.3.1 Das Lebenspartnerschaftsgesetz und Kinder

Es gibt für lesbische Elternpaare u.a. vier Themenschwerpunkte, die von besonderem Interesse sind, um ihre Familienform besser absichern zu können bzw. um die rechtliche Situation für soziale Mütter zu verbessern. Der erste Schwerpunkt betrifft das Sorgerecht der beiden Mütter. Der zweite befasst sich mit der Frage, ob der sozialen Mutter nach einer möglichen Aufhebung einer Lebenspartnerschaft ein Umgangsrecht mit ihren Kindern rechtlich zusteht. Der dritte geht um die Verbleibensanordnung[216]; das ist eine Regelung bezüglich der Vormundschaft für die Kinder, falls der Mutter etwas zustoßen sollte. Können die Kinder im Falle des Todes der Mutter bei der sozialen Mutter verbleiben? Der letzte Punkt setzt sich mit dem Thema Adoption auseinander. Im weiteren Verlauf untersuche ich die Regelungen der LPartG bezüglich o.g. Schwerpunkte.

### Kleines Sorgerecht und Notsorgerecht[217]

Folgende Vorschrift trifft Regelungen über die elterliche Sorge, wenn Kinder einer Lebenspartnerin in der Lebenspartnerschaft leben:
Der § 9 LPartG regelt Sorgerechtliche Befugnisse der Lebenspartnerin/ des Lebenspartners:
(1) Führt der allein sorgeberechtigte Elternteil eine Lebenspartnerschaft, hat sein Lebenspartner im Einvernehmen mit dem sorge-berechtigten Elternteil die Befugnis zur Mitentscheidung in Angelegenheiten des täglichen Lebens des Kindes. § 1629 II Satz 1 des Bürgerlichen Gesetzbuches gilt entsprechend.
(2) Bei Gefahr im Verzug ist der Lebenspartner dazu berechtigt, alle Rechtshandlungen vorzunehmen, die zum *Wohl des Kindes* notwendig sind: der sorgeberechtigte Elternteil ist unverzüglich zu unterrichten.
(3) Das Familiengericht kann die Befugnisse nach § 1629 I BGB einschränken oder ausschließen, wenn dies zum *Wohl des Kindes* erforderlich ist.
(4) Die Befugnisse bestehen nicht, wenn die Lebenspartner nicht nur vorübergehend getrennt leben.*[218]*

Bislang ist ausgeschlossen, dass Partner einer Lebenspartnerschaft gemeinsame Kinder haben, § 1741 II BGB wurde gerade nicht geändert. Dort wird die Annahme minderjähriger Kinder nur durch den oder die Ehegatten geregelt. Das Gesetz zur Beendigung der Diskriminierung gleichgeschlechtlicher Gemeinschaften: Lebenspartnerschaften hat die Abänderung

---

[216] vgl. Burmeister- Ruf, 2002, S. 61
[217] vgl. Burmeister- Ruf, 2002, S. 59
[218] vgl. Meyer/ Mittelstädt, 2001, S. 49

diverser Formulierungen im Familienrecht bewirkt- diese jedoch gerade nicht.[219]

Wenn einer lesbischen Mutter beispielsweise das „alleinige elterliche Sorgerecht" für ihre Kinder zusteht, erwirbt ihre Lebenspartnerin gemäß § 9 LPartG eine Mitentscheidungsbefugnis in Angelegenheiten des täglichen Lebens. Das sind in der Regel solche, die häufig vorkommen und die keine schwer abzuändernden Auswirkungen auf die Entwicklung des Kindes haben (§ 1687 I Satz 3 BGB). Dazu gehören die tägliche Betreuung und Versorgung des Kindes, aber auch Alltagsfragen, die im schulischen Leben und in der Berufsausbildung des Kindes vorkommen, sowie Entscheidungen, die im Rahmen der gewöhnlichen medizinischen Versorgung des Kindes zu treffen sind.

Zwischen den Lebenspartnerinnen/ Lebenspartnern muss Einvernehmen über das *kleine Sorgerecht* bestehen. Mitentscheidung heißt, dass die Lebenspartnerin in diesen Angelegenheiten die Kinder allein vertreten kann, dabei aber vom Einvernehmen ihrer Partnerin abhängig ist. Diese kann es jederzeit widerrufen.[220] In Situationen, in denen Eilentscheidungen geboten sind, kann die soziale Mutter Entscheidungen zum *Wohl des Kindes* treffen. Sie hat allerdings ihre allein sorgeberechtigte Partnerin unverzüglich zu informieren.[221]

Problematisch ist hieran lediglich, dass der Gesetzgeber das gesetzliche *kleine Sorgerecht* für die/ den Lebenspartnerin/ Lebenspartner nur für die Fälle vorgesehen hat, in denen diese/r das alleinige Sorgerecht zusteht. Gleichzeitig war aber durch die Kindschaftsrechtsreform zum 01.07.1998 die gemeinsame Sorge der Eltern (gemäß §§ 1671, 1672 BGB) als „Regelfall" normiert worden, von der auch nach der Scheidung nur in Einzelfällen abgewichen werden sollte. Als Konsequenz daraus gilt zu klären, wem nach einer Scheidung der Ehe das Sorgerecht zusteht. Besteht das gemeinsame Sorgerecht fort, und die Kinder leben bei dem Elternteil, der eine LPartG eingegangen ist, müssen die Rechte der Lebenspartnerin und gleichzeitig sozialen Mutter privatschriftlich geregelt werden.[222]

Lesbenpaare, die sich über Insemination ihren Kinderwunsch erfüllen, haben sich nicht zwangsläufig damit auseinander zu setzen, dass eine Mutter ein gemeinsames Sorgerecht mit dem Vater ihrer Kinder hat. Dennoch sollte diese Problematik Erwähnung finden.

---

[219] vgl. Delerue, 2001, S. 36
[220] vgl. Burmeister- Ruf, 2002, S. 59
[221] vgl. Delerue, 2001, S. 36
[222] vgl. Delerue, 2001, S. 36; Formulierungen zu dieser Thematik sind bei Delerue zu finden.

Im Folgenden werde ich kurz auf § 9 III und IV LPartG eingehen und diese erläutern. Zu § 9 III LPartG: das *kleine Sorgerecht* der Lebenspartnerin wird nicht uneingeschränkt eingeräumt. So können beispielsweise fortwährende Streitigkeiten der Lebenspartnerinnen über Angelegenheiten der Kinder zu Belastungen führen, die dem *Wohl des Kindes* zum Nachteil gereichen. Dieser Absatz gibt aus diesem Grund dem Familiengericht die Befugnis, das *kleine Sorgerecht* einzuschränken oder gar auszuschließen, wenn es dem *Wohl des Kindes* erforderlich ist.[223]

Zu § 9 IV LPartG: Das *kleine Sorgerecht* soll die tatsächliche Übernahme von Aufgaben der Pflege und Erziehung für das Kind rechtlich schützen und absichern. Es endet daher, wenn die Lebenspartnerinnen/ Lebenspartner nicht nur vorübergehend getrennt leben.[224]

**Das Umgangsrecht**

An dieser Stelle wird dem zweiten Themenschwerpunkt nachgegangen, ob der sozialen Mutter nach einer möglichen Aufhebung einer Lebenspartnerschaft ein Umgangsrecht mit ihren Kindern rechtlich zusteht.

Dem sozialen Elternteil steht mit der Neuregelung des § 1685 BGB ein Umgangsrecht nach Aufhebung einer Lebenspartnerschaft mit ihren/ seinen Kindern zu. Durch die Änderung wird der (früheren) Lebenspartnerin eines Elternteils, die mit den Kindern längere Zeit in häuslicher Gemeinschaft gelebt hat, ein Umgangsrecht entsprechend dem eines Stiefelternteils eingeräumt.[225] Die neue Fassung des § 1685 II BGB, die den Umgang mit anderen Bezugspersonen regelt, heißt entsprechend:

> *„Gleiches gilt für den Ehegatten oder früheren Ehegatten sowie den Lebenspartner oder früheren Lebenspartner eines Elternteils, der mit dem Kind längere Zeit in häuslicher Gemeinschaft gelebt hat, und für Personen, bei denen das Kind längere Zeit in Familienpflege war.“*[226]

Der Grund hierfür liegt auf der Hand: Das Umgangsrecht soll weiterhin gewährt werden, weil das Kind den Umgang mit einem Menschen vermissen könnte, mit welchem es zuvor zusammengelebt hat. Umgekehrt kann dies natürlich nicht für die Partnerschaften gelten, bei denen die Partnerinnen/ Partner nicht über einen längeren Zeitraum hinweg mit den Kindern in häuslicher Gemeinschaft gelebt haben.[227] Über den Umfang des Umgangsrechtes und seine Ausübung müssen sich die Beteiligten einigen. Gelingt

---

[223] vgl. Meyer/ Mittelstädt, 2001, S. 50
[224] vgl. Meyer/ Mittelstädt, 2001, S. 50
[225] vgl. Meyer/ Mittelstädt, 2001, S. 83
[226] Meyer/ Mittelstädt, 2001, S. 83
[227] vgl. Delerue, 2001, S. 39

dies nicht, kann das Familiengericht den Umfang und die Ausübung des Umgangsrechts regeln.[228]

## Verbleibensanordnung[229]

Der dritte Themenschwerpunkt geht um die Verbleibensanordnung; dies ist eine Regelung bezüglich der Vormundschaft für die Kinder, falls der Mutter etwas zustößt. Können die Kinder im Falle des Todes der Mutter bei der sozialen Mutter verbleiben? Kann beim Tod der sorgeberechtigten Mutter der andere Elternteil das Kind herausverlangen? Letzte Frage setzt voraus, dass die Kinder Kontakt zu ihrem Vater haben.

Grundsätzlich ist diese Konstellation nur vorstellbar, wenn die Lebenspartnerschaft noch besteht, da der sozialen Mutter demnach das „Mitsorgerecht" oder das *kleine Sorgerecht* zusteht.[230] Ist die Lebenspartnerschaft aufgehoben, hat die soziale Mutter keine Chance, dass die Kinder bei ihr bleiben können.

> „Ein Beispiel: Herr A und Herr D leben in einer Lebenspartnerschaft. Herr A hat sich mit seiner geschiedenen Frau darauf geeinigt, dass ihm das alleinige Sorgerecht für C zustehen soll, und das Familiengericht hatte der Bitte der beiden Eltern entsprochen. Die Tochter C lebt mit ihnen zusammen. Nach drei Jahren verstirbt Herr A plötzlich. Frau A verlangt von Herrn D nunmehr die Herausgabe der C."[231]

Durch den Tod des Herrn A wird das elterliche Sorgerecht auf Frau A übertragen. Diesem Anspruch der Frau A kann nun aber Herr D sein Recht auf Fortbestand der Stieffamilie im Interesse des Kindeswohls entgegensetzen. In der Konsequenz bedeutet dies, dass letzten Endes die Kindesmutter zwar das Sorgerecht erhalten wird, aber C bei Herrn D verbleiben darf, weil dies die ihr vertraute Umgebung ist. Sie wird zumindest so lange nicht zu ihrer Mutter zurückkehren, bis sich gezeigt hat, dass eine Übersiedlung nicht mehr das Kindeswohl gefährden würde.[232] Es spielt auf jeden Fall eine Rolle, wie lange die Kinder mit dem sozialen Elternteil zusammen gelebt haben, und in welchem Alter die Kinder sind. Auch hängt es davon ab, wie stark die Bindungen der Kinder an das soziale Elternteil sind. Die Verbleibensanordnung ist ein gravierender Eingriff in das elterliche Sorgerecht und kommt daher nur in Betracht, wenn regelmäßiger Um-

---

[228] vgl. Siegfried, 2002, S. 60
[229] vgl. Siegfried, 2002, S. 61
[230] vgl. Delerue, 2001, S. 39
[231] vgl. Delerue, 2001, S, 39
[232] vgl. Delerue, 2001, S. 39ff.

88

gang zwischen der Lebenspartnerin/ dem Lebenspartner und dem Kind nicht ausreicht, um Schaden von dem Kind fernzuhalten.[233]

Zusammenfassend lässt sich sagen, dass die Rechtsstellung von sogenannten Stiefeltern deutlich besser ist, wenn sie mit dem Elternteil des Kindes, mit dem sie zusammenleben, eine Lebenspartnerschaft (oder eine Ehe) eingehen. Ohne dies haben die sozialen Eltern keine Möglichkeit auf ein Sorge- und ein Umgangsrecht. Allerdings kann eine biologische Mutter der sozialen Mutter durch schriftliche Vollmachten das sogenannte *kleine Sorgerecht* erteilen.

Ich habe leider in der Literatur keine Informationen dazu finden können, wie eine Verbleibensanordnung ausfällt, falls der Vater der Kinder unbekannt ist oder kein Kontakt zu ihm besteht. Vielleicht wäre ein Vormundschaftsgericht in dem Fall eher bereit, der sozialen Mutter die Vormundschaft zu übertragen. Möglicherweise würden die Kinder aber auch zu den Eltern der Mutter kommen.


**Keine Adoption**
Lebenspartnerinnen können ein Kind ausschließlich als Einzelperson adoptieren. Eine gemeinschaftliche Adoption ist nicht zulässig. Ebenfalls nicht möglich ist eine sogenannte Stiefkindadoption.[234] Das wäre, wenn beispielsweise eine soziale Mutter Kinder ihrer Lebenspartnerin adoptieren könnte. Damit würde sie das Sorgerecht bekommen. Eine soziale Mutter könnte die biologischen Kinder ihrer Partnerin nur dann adoptieren, wenn diese ihre Elternrechte schon zu Lebzeiten aufgibt. Wenn sie dazu nicht bereit ist, kann sie ihre Lebenspartnerin in ihrem Testament als Vormund ihrer Kinder benennen. Das Vormundschaftsgericht kann den Wunsch der Frau dann nur übergehen, wenn das *Wohl der Kinder* in Gefahr wäre ( §§ 1776 ff. BGB).

---

[233] vgl. Burmeister- Ruf, 2002, S. 61
[234] vgl. Burmeister- Ruf, 2002, S. 58

## 5.3.2 Unterschiede von Lebenspartnerschaft und Ehe

Die Institution Ehe unterscheidet sich in zehn Punkten von der Lebenspartnerschaft. Alle Unterscheidungen zeigen, dass beide Institutionen weit von einer rechtlichen Gleichstellung entfernt sind. Ich möchte dies im Folgenden nur beispielhaft erläutern.

➤ Verlöbnis
Ein Verlöbnis nach §§ 1297 ff. BGB kann zu einem Zeugnisverweigerungsrecht führen (vgl. § 52 I BGB). Ein ähnliches „Lebenspartnerschaftseingehungsversprechen", das zwar möglich ist, erfährt keine derartige rechtliche Anerkennung.
➤ Lebensgemeinschaft
Ehegatten sollen einen gemeinsamen Namen wählen, Lebenspartner können dies lediglich.
➤ Abstammung, Verhältnis zu Kindern
Sonderregelungen für die Abstammung von während einer Lebenspartnerschaft geborenen Kinder (vgl. §§ 1592 Nr. 1 und 1593 BGB) bestehen nicht. Konsequent fehlen Regelungen für die gemeinsame Sorge der Lebenspartnerinnen/ Lebenspartner.

Die Möglichkeit der Einbenennung nach § 1618 BGB[235] besteht für Lebenspartner nicht. Ebenso gibt es keine Möglichkeit der gemeinschaftlichen Adoption (§ 1741 II BGB) oder Stiefkindadoption (§1741 II BGB).[236] Auch eine gemeinschaftliche Vormundschaft (§ 1775 BGB) ist nicht vorgesehen.[237]

---

[235] § 1618 Satz 1 BGB Einbenennung: „Der Elternteil, dem die elterliche Sorge für ein unverheiratetes Kind allein zusteht, und sein Ehegatte, der nicht Elternteil des Kindes ist, können dem Kind durch Erklärung gegenüber dem Standesbeamten ihren Ehenamen erteilen." Bürgerliches Gesetzbuch, 1998, S. 318
[236] § 1741 II BGB: Zulässigkeit der Annahme: „Wer nicht verheiratet ist, kann ein Kind nur allein annehmen. Ein Ehepaar kann ein Kind nur gemeinschaftlich annehmen. Ein Ehegatte kann ein Kind seines Ehegatten allein annehmen, ...", Bürgerliches Gesetzbuch, 1998, S. 333
[237] vgl. Meyer/ Mittelstädt, 2001, S. 24ff.

## 5.4 Aussicht

Eine Umfrage aus dem Jahr 2000 hat ergeben, dass „55% der Deutschen eine Gleichstellung der Eingetragenen Lebenspartnerschaft mit der Ehe befürworten, 42% sprachen sich dagegen aus." [238] Schätzungen zufolge haben bis August 2002 4000 bis 4500 Lesben und Schwule ihre Partnerschaft eintragen lassen. [239]

Mit dem Wahlsieg der rot- grünen Bundesregierung zum 15. Bundestag der Bundesrepublik am 22.09.02 bleibt die Koalition von SPD und den Bündnisgrünen bestehen. Der Lesben- und Schwulenverband Deutschland (LSVD) hat sich im diesjährigen Wahlkampf damit auseinander gesetzt, wie lesben- und schwulenfreundlich die Politik der großen Parteien ist. Der LSVD fordert u.a. die volle Gleichstellung der Lebenspartnerschaften und die Anerkennung gleichgeschlechtlicher Familien. Die Einführung der Lebenspartnerschaft ist nach Meinung der LSVD- Sprecherin Bendkowski ein erster wichtiger Schritt in Richtung gleiche Rechte für Lesben und Schwule. *„Es kommt nun darauf an, die Gesetzgebung zur Lebenspartnerschaft zu vollenden und eine vollständige Gleichberechtigung homosexueller Lebensgemeinschaften auch im Steuer- und Beamtenrecht sowie bei der Hinterbliebenenversorgung herbeizuführen."* [240] Die einzelnen Parteien haben sich teilweise sehr unterschiedlich zu genannten Themen geäußert. Eine Gleichstellung gleichgeschlechtlicher Familien sowie ein gemeinsames Adoptionsrecht für homosexuelle Lebenspartnerschaften lehnt die Union ab. Beim Adoptionsrecht sieht auch die SPD rechtliche Schwierigkeiten, während Grüne und PDS die Forderungen des LSVD unterstützen. Die FDP steht dem Adoptionsrecht „offen" gegenüber. [241]

Bisher gibt es für gleichgeschlechtliche Paare in wenigen europäischen Ländern ein Recht auf Adoption. Die Niederlande haben bisher als einziges Land der Welt die volle Gleichbehandlung umgesetzt: seit dem 01.04.2001 können Lesben und Schwule in den Niederlanden ihre Partnerin/ ihren Partner heiraten. Damit genießen sie alle Rechte, die sonst heterosexuellen Verheirateten vorbehalten waren, auch das Recht auf Adoption. Mit einer überwältigenden Mehrheit von 107 zu 33 Stimmen verabschiedete das niederländische Unterhaus am 11.09.2002 ein entsprechendes Gesetz. [242]

---

[238] Blech/ Bless, 2002, S. 1
[239] vgl. Röhrbein, 2002, S. 2
[240] Bendkowski/ Blumenthal, 2002, S. 1
[241] vgl. Bendkowski/ Blumenthal, 2002, S. 1
[242] vgl. Kokula, 2002, S. 11

# 6    Methodisches Vorgehen

## 6.1    Fragestellung und Vorannahmen

Von Interesse für meine Fragestellung in Bezug auf die Interviews waren Lebensentwürfe lesbischer Mütter und Co- Mütter, die sich ihren Kinderwunsch durch Insemination erfüllt haben. Während eingehenderer Beschäftigung mit dem Thema ergaben sich folgende Fragen:

➢ Welcher Inseminationsweg wurde gewählt?
➢ Wie groß war der Zeitraum zwischen der Kinderplanung und der Geburt des ersten Kindes?
➢ Wie war die Rollenverteilung der zwei Mütter und wie war ihre Organisation des Familienalltags?
➢ Wie waren die Reaktionen der Umwelt (ihrer Herkunftsfamilie, im FreundInnenkreis, im Kindergarten, in der Schule, am Arbeitsplatz etc.) auf ihre Familie?
➢ Welche Wünsche hatten die lesbischen Mütter in Bezug auf rechtliche Absicherungen ihrer Familienform (insbesondere für Co- Mütter)?
➢ Welches war das Wunschgeschlecht für ihre Kinder?

Meine Vorannahmen zum Thema Lesbische Mutterschaft durch Insemination habe ich hauptsächlich der wissenschaftlichen Forschung und (persönlichen) Erfahrungen aus der lesbisch- schwulen Szene entnommen. In den letzten paar Jahren gab es diverse Veröffentlichungen zur Rechtslage von gleichgeschlechtlichen Familien. Daneben kamen Ratgeber und Broschüren heraus, die sich mit den Möglichkeiten einer Schwangerschaft für lesbische Frauen beschäftigten.

Vor Beginn der Interviews hatte ich folgende Hypothesen:

1. Hypothese:
Die Planung eines eigenen Kindes bedarf für eine lesbische Frau oder ein lesbisches Paar einen Zeitraum von mehreren Jahren. Es müssen diverse Entscheidungen getroffen werden, auf welchem Weg eine lesbische Frau schwanger werden kann. Möglicherweise erfordert die Situation diverse Inseminationsversuche. Eventuell sind die Frauen einem enormen psychischen Druck ausgesetzt.

2. Hypothese:
Die Reaktionen der Umwelt auf ihre Familienform sind sehr unterschiedlich. Teilweise werden die Frauen vermutlich diskriminiert.

3. Hypothese:
Die Rollenaufteilungen von zwei Müttern sind egalitärer als von Mutter und Vater.

4. Hypothese:
Die Bindung der biologischen Mutter zum Kind unterscheidet sich von der Bindung der Co- Mutter zum Kind.

5. Hypothese:
Die Rechtslage, die bisher keinerlei Rechte für Co- Mütter enthält, weist bezüglich des Sorge- und des Umgangsrechtes enormen Bedarf, rechtliche Absicherungen für die Kinder und die Co- Eltern zu schaffen. Die rechtliche Gleichstellung aller Familienformen sind erforderlich, um u.a. Sicherheiten für lesbische, schwule, bi- und transsexuelle Eltern und deren Kindern zu gewährleisten.

6. Hypothese:
Lesben wünschen sich vermutlich eher Mädchen als Jungen.

## 6.2   Die Interviewmethode

### 6.2.1 Das problemzentrierte Interview

Eine Grundannahme qualitativer Forschung ist es, die geeignete Methode für das eigene Thema zu finden. Witzel[243] hat im Rahmen des „qualitativen Interviews" verschiedene Interviewformen entwickelt. Ich habe mich für das nach Witzel benannte problemzentrierte Interview entschieden, welches nach Flick u.a.[244] einen Kompromiss zwischen teilstandardisierten und narrativen Interviews anstrebt. Unter diesem Begriff sollen alle Formen der offenen, halbstrukturierten Befragung zusammengefasst werden. Das Interview lässt die Befragte[245] möglichst frei zu Wort kommen, um einem offenen Gespräch nahe zu kommen. Es gibt eine Zentrierung auf eine bestimmte Problemstellung, die die InterviewerIn einführt, und auf die sie immer wieder zurückkommt. Bestimmte Aspekte wurden vor der Durchführung der Interviews von mir erarbeitet und in einem Interviewleitfaden zusammengestellt.

---

[243] vgl. Witzel, 1982
[244] vgl. Flick u.a., 2000
[245] Ich nutze in diesem Kapitel ausschließlich den weiblichen Sprachgebrauch, wenn ich von Befragter, Interviewter etc spreche, da es sich bei meinen Gesprächspartnerinnen um Frauen gehandelt hat. Ebenfalls werde ich für die Interviewerin ausschließlich die weibliche Form verwenden.

Mayring[246] fasst die drei vorrangigen Prinzipien von Witzel wie folgt zusammen:

➢ Die *Problemzentrierung* meint, dass an gesellschaftlichen Problemstellungen angesetzt werden soll, deren wesentliche objektive Aspekte die Forscherin/ der Forscher sich bereits vor der Interviewphase erarbeitet.

➢ Die *Gegenstandsorientierung* des Verfahrens meint, dass seine konkrete Gestaltung auf den spezifischen Gegenstand bezogen sein muss und nicht in der Übernahme fertiger Instrumente bestehen kann.

➢ Bei der Prozessorientierung geht es schließlich „um flexible Analyse des wissenschaftlichen Problemfeldes, eine schrittweise Gewinnung und Prüfung von Daten, wobei Zusammenhang und Beschaffenheit der einzelnen Elemente sich erst langsam und in ständigem Bezug auf die dabei verwandten Methoden herausschälen."[247]

Für die Interviewführung an sich ist ein weiteres wichtiges Merkmal die *Offenheit*; die Interviewte soll frei antworten können, ohne vorgegebene Antwortalternativen. Dies bietet diverse Vorteile; zum einen kann die Interviewerin überprüfen, ob sie von der Befragten genau verstanden wurde; zum anderen können die Befragten ihre subjektive Perspektive zur Sprache bringen und können selbst Zusammenhänge während des Interviews entwickeln. Weiter ist es möglich, dass die konkrete Interviewsituation thematisiert wird.

Eine *Vertrauensbeziehung* zwischen Interviewerin und Befragter ist hierbei von enormen Vorteil. Die Interviewte soll sich ernst genommen und nicht ausgehorcht fühlen. Wenn an relevant gesellschaftlichen Problemen angesetzt wird und im Interview eine möglichst gleichberechtigte, offene Beziehung aufgebaut wird, so profitiert auch die Interviewte direkt vom Forschungsprozess. Deshalb ist sie in der Regel auch ehrlicher, reflektierter, genauer und offener als bei einem Fragebogen oder einer geschlossenen Umfragetechnik.

Die Anwendungsgebiete des problemzentrierten Interviews sind vielfältig; nach Mayring bietet sich diese Methode u.a. an, wenn eine spezifischere Fragestellung im Vordergrund steht. Da dies für meine Fragestellung zutraf, war es ein weiteres Kriterium, mich für die Methode des problemzentriertren Interviews zu entscheiden.[248]

---

[246] vgl. Mayring, 1999, S. 50
[247] Witzel, 1982, S. 72
[248] vgl. Mayring, 1999, S. 59

Das Ablaufmodell des problemzentrierten Interviews nach Mayring[249]

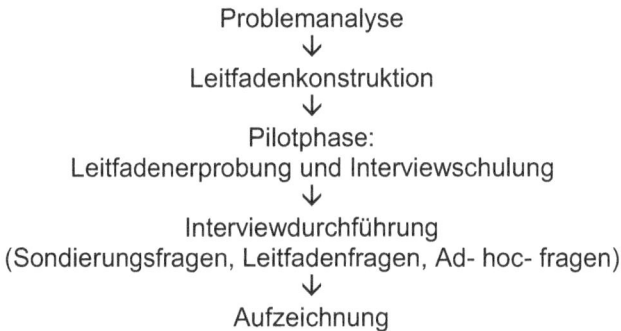

Problemanalyse
↓
Leitfadenkonstruktion
↓
Pilotphase:
Leitfadenerprobung und Interviewschulung
↓
Interviewdurchführung
(Sondierungsfragen, Leitfadenfragen, Ad- hoc- fragen)
↓
Aufzeichnung

**Die Auswahl des Samples**
Es wird empfohlen, keine Personen, mit denen freundschaftlicher Kontakt vor dem Interview besteht, als Befragte heranzuziehen. Die Offenheit der Situation kann somit nicht gewährleistet werden. Die Unbekanntheit von InterviewerIn und Befragter ist von Vorteil.[250] Die Interviewerin sollte sich genau überlegen, welche Personen für ihre Interviews in Frage kommen. Lamnek nennt folgenden Vorgang *„theoretical sampling: Die Auswahl der zu Befragenden richtet sich nach folgenden Kriterien: Da es nicht um Repräsentativität sondern um typische Fälle geht, werden keine Zufallsstichproben gezogen. Man sucht sich nach seinen Erkenntnisinteressen einzelne Fälle für die Befragung aus."[251]*

Das Sample wurde folgendermaßen definiert:

> Suche für Interviews zwecks Diplomarbeit Lesbische Mütter und Co- Mütter, die sich über Insemination ihren Kinderwunsch erfüllt haben.

Orientiert an Lamneks Aussage, schaltete ich Anzeigen in zwei Berliner Stadtmagazinen der lesbischen Szene: in einem schwul- lesbischen Stadtmagazin und in einem Veranstaltungsüberblick für Frauen; beide erscheinen monatlich. Daraus ergaben sich Telefonkontakte, und im Anschluss daran habe ich mich mit meinen Interviewpartnerinnen bei ihnen zu Hause getroffen.

---

[249] Mayring, 1999, S. 59
[250] vgl. Lamnek, 1993, S. 93
[251] Lamnek, 1993, S. 93

## 6.2.2 Die Entwicklung des Interviewleitfadens

Zu Beginn meiner Arbeit mit den Interviews hatte ich diverse Fragestellungen im Kopf. Mit Hilfe einer Leitfadenentwicklung für das erstes Interview nahm meine Fragestellung immer konkretere Formen an, und es bildeten sich die mir wichtigsten Themenschwerpunkte heraus. Anhand dieser Entwicklung von Einstiegsfrage und der folgenden Fragen bekam meine bevorstehende Arbeit zunehmend Struktur. Ich habe so den Leitfaden als eine wichtige Unterstützung empfunden. Ich hatte ihn sozusagen im 'Hinterkopf' parat, und konnte mich daran entlang hangeln. Für die Entwicklung des Gespräches an sich ist der Begriff 'Leitfaden' nach Witzel eigentlich unzutreffend, weil hier der Gesprächsfaden des Interviewten im Mittelpunkt des Interesses steht, der Leitfaden diesen lediglich als eine Art Hintergrundsfolie begleitet.

Der nächste Schritt ist in einer Pilotphase, in der Probeinterviews durchgeführt werden.[252] Mir ist es während meines ersten Interviews oftmals schwer gefallen, ad hoc darauf zu reagieren, wenn die Befragte thematisch ausschweifte. Zum einen wollte ich sie erzählen lassen, zum anderen dennoch auf meine Fragen zurückkommen.

> *„Die Gestaltung des Interviewverlaufs obliegt zwar dem Interviewenden (damit nicht ausufernd irgendwelche Dinge berichtet werden, die nicht im Kontext des Erkenntnisinteresses liegen), doch soll der Interviewte letztlich in diesem Rahmen den Gesprächsablauf gestalten, damit seine Auffassungen, Interessen und Relevanzsysteme zum Tragen kommen."*[253]

Nach dem ersten Interview habe ich den Leitfaden überarbeitet, und teilweise verkürzt. Es kam vor, das ich mich nicht erinnerte, eine Frage gestellt zu haben oder nicht. Durch die Modifizierung des Leitfades verkürzte sich dieser und wurde dadurch übersichtlicher. Ich wurde im Laufe der nächsten Interviews sicherer, was sich positiv auf die Interviewsituation auswirkte, da ich mich besser auf die jeweils Befragte konzentrieren konnte. Es ergaben sich ganz ähnliche Themenschwerpunkte wie im ersten Interview, so dass ich das Probeinterview mit ausgewertet habe.

---

[252] vgl. Mayring, 1999, S. 52
[253] Lamnek, 1993, S. 96

### 6.2.3 Der Interviewleitfaden

1.
- Wie kam es zu Deiner Entscheidung, ein Kind zu bekommen?
- Wann war das? Gab es da eine bestimmte Lebenssituation?
- Wie kam es zu der Entscheidung, welche Frau das Kind bekommt?

2.
- Für welchen Inseminationsweg hast Du/ habt Ihr Euch entschieden?
- Warum „Deinen/ Euren" Inseminationsweg?
- Spielt der Spender eine Rolle?
- Spielt das Geschlecht des Kindes eine Rolle?

3.
- Wie ist Dein/ Euer Rollenverständnis?
- Gibt es unterschiedliche Verantwortungsbereiche, wenn es zwei Mütter gibt; wenn ja, wie sehen die real aus?
- Wie sieht ein „normaler" Wochentag aus?

4.
- Wie sind die Reaktionen (Diskriminierung) Deiner Umwelt auf Dein/ Euer Lebensmodell?
- Reaktionen Deiner Herkunftsfamilie auf Dein Lebensmodell?
- Reaktionen der lesbischen Community/ des FreundInnenkreises?
- Reaktionen am Arbeitsplatz?

5.
- Hast Du Kontakt zu anderen Lesben mit Kind/ Kindern?
- Gibt es da speziell Wünsche nach Vernetzung?

6.
- Wie denkt Ihr über die Rechtslage in Bezug auf Insemination in der Bundesrepublik?
- Wünscht Ihr Euch rechtliche Absicherungen? Hast Du Interesse an einer Ehe, wenn sie gleichgestellt wäre der herkömmlichen Ehe?
- Wie regelt Ihr Themen wie Unterhaltsansprüche/ Umgangsrecht?
- Sprecht Ihr über Regelungen in Bezug auf die Kinder für den Fall einer möglichen Trennung?

7.
- Gibt es für die jeweilige Interviewpartnerin ein Mutter- Vorbild?

8.
- Spielt für dich das Geschlecht des Kindes eine Rolle?

Anfangs spielten Überlegungen eine Rolle, welcher Art meine Eingangsfrage sein sollte; ob narrativ/ offen oder themenzentriert. Ich habe mich entschlossen, das erste Interview mit einer themenzentrierten Eingangsfrage zu beginnen und bin dabei geblieben, da es sich als positiv erwies. Nachdem ich die Eingangsfrage gestellt habe, kamen die Befragten in einen Erzählfluss und konnten ihren eigenen Erzählstil entwickeln. Die meisten Gesprächspartnerinnen sind nach meiner Einstiegsfrage schon auf die zweite Frage eingegangen.

## 6.3 Die Durchführung der Interviews

Ich habe allen Interviewpartnerinnen versichert, dass das Interviewmaterial anonym und ausschließlich im Rahmen meiner Diplomarbeit verwendet wird. Obwohl ich es angeboten habe, haben alle von mir interviewten Frauen keinen Wert auf eine schriftliche Datenschutzvereinbarung gelegt. Die sozialen Daten jeder einzelnen Interviewpartnerin erfasste ich im Anschluss an das durchgeführte Interview.

Bevor ich das Band angestellt habe, bin ich kurz auf meine Motivation für das Thema eingegangen und habe die Frauen gebeten, mir eine kurze Rückmeldung zu geben, wenn eine Frage nicht verständlich ist bzw. wenn es sonstige Störungen gibt. Einen zeitlichen Rahmen habe ich nicht vorgegeben, da ich vermeiden wollte, dass sich eine Frau unter Druck gesetzt fühlt. Zudem waren meine ersten beiden Interviews etwa gleich lang; daher hatte ich ein gutes Gefühl, dass etwa alle Interviews zwischen 40 und 60 Minuten liegen werden. Ich habe das Interview mit einer offenen Einstiegsfrage begonnen und am Ende gefragt, ob die jeweilige Frau noch etwas erwähnen oder anmerken möchte. Diese Aufforderung hat mir u.a. spannende Anregungen gegeben.

Meinen Einstieg habe ich etwa so formuliert:

*„Derzeit schreibe ich meine Diplomarbeit an der ASFH; in meinem Grundstudium habe ich mich ausführlich mit dem Thema 'Formen lesbischer Mutterschaft' beschäftigt, also auch Lesben und Pflegekinder, Lesben und Adoption usw. Weiterhin habe ich die Rechtslage zu diesen Themen untersucht, und bin insbesondere auf die Rechtssituation von Co- Müttern in der Bundesrepublik eingegangen. Jetzt möchte ich mich ausschließlich mit Lebensentwürfen lesbischer Mütter, die sich über Insemination ihren Kinderwunsch erfüllt haben, beschäftigen. Ich möchte unser Gespräch auf Band aufnehmen, um mich besser konzentrieren zu können. Bevor wir beginnen, möchte ich kurz testen, ob das Gesprochene gut zu verstehen ist. Ist das in Ordnung? Wenn eine Frage unverständlich formuliert ist oder ähnliches, mache mich bitte darauf aufmerksam. Wenn Du keine Fragen mehr hast, stelle ich das Gerät an."*

Im Zusammenhang mit der Interviewdurchführung muss sich jede Interviewerin überlegen, welche Art der Datenaufbereitung sich für die Arbeit mit ihren Interviews am besten eignet.

*„Schließlich muss dafür gesorgt werden, dass das eruierte Material festgehalten wird. In der Regel wird dafür, im Einverständnis mit den Interviewten, eine Tonbandaufzeichnung ausgefertigt."[254]*

Ich habe bei allen Interviews einen Mitschnitt auf Tonband mit Einverständnis der Gesprächspartnerinnen gemacht. Dieses Vorgehen hat mehrere Vorteile. Einer bestand darin, dass mit dem gewonnenen Material weiter gearbeitet werden konnte, nachdem es transkribiert worden war. Zudem erschien es mir wichtig, Raum für Blickkontakt und/ oder nonverbale Kommunikation zu schaffen. Außerdem konnte ich mich besser auf das Interview konzentrieren, als bei einer Mitschrift.

## 6.4    Vorstellung der Interviewpartnerinnen

Ich habe sieben Frauen interviewt. Meine Gesprächspartnerinnen sind zwischen 1960 und 1971 geboren; Andrea ist 30, Zahor 33, Tanja 35, Corinna 41, Jacqueline, Jule und Jana sind 40 Jahre alt. Die meisten Frauen (fünf) wünschen sich ein weiteres Kind. Zwei Interviewpartnerinnen planen ein zweites, zwei sogar ein drittes Kind. Die fünfte möchte ein Pflegekind aufnehmen. Die Lebensumstände waren bei allen Befragten sehr unterschiedlich; drei Frauen leben allein; zwei davon sind derzeit alleinerziehend, bei einer kümmert sich ihre ehemalige Partnerin und Co- Mutter stundenweise um das Kind. Dann habe ich ein Lesbenpaar interviewt, die im Sommer 2002 ihr zweites Kind bekommen. Alle Interviews fanden auf Wunsch der Frauen bei ihnen zu Hause statt.

---

[254] Lamnek, 1993, S. 52

# Die Interviewpartnerinnen

| | Familien-stand | Mutterstatus | Alter | Angaben z. Kind | Erwerbs-tätig | Geburtsland |
|---|---|---|---|---|---|---|
| Andrea | a | biologisch | 30 | Tochter; 5 Mon. | nein | DDR |
| Corinna | a/ p | biologisch | 41 | Sohn; 17 Mon. | ja | BRD |
| Zahor | b | biologisch | 33 | Sohn; 18 Mon. | Teilzeit | Israel |
| Tanja | b | sozial | 35 | Sohn ; 18 Mon. | ja | Italien |
| Jaqueline | a | biologisch | 40 | Sohn; 5 Jahre | ja | BRD |
| Jule | b | sozial | 40 | Sohn; 3 Jahre | ja | BRD |
| Jana | b | biologisch | 40 | Sohn; 3 Jahre | Teilzeit | Österreich |

Abkürzungen:
a= allein erziehend
b = gemeinsame Kindererziehung mit Partnerin
p = Patchwork- Familie

Anmerkungen:
Zahor & Tanja sowie Jule & Jana sind ein Paar. Jede Frau wurde einzeln interviewt.

## Andrea

Meine erste Interviewpartnerin heißt Andrea und ist dreißig Jahre alt; sie hat eine kleine Tochter und ist alleinerziehend. Der Spender ihrer Tochter ist ein schwuler Bekannter, der in einer westdeutschen Stadt in einer Beziehung lebt. Es war Andreas Wunsch, dass der biologische Vater eine aktive Vaterrolle einnimmt. Beide wollen über Insemination drei Kinder haben. Andrea ist derzeit nicht berufstätig und plant das nächste Kind.

## Corinna

Meine zweite Interviewpartnerin heißt Corinna, ist vierzig Jahre alt und hat einen kleinen Sohn. Sie hatte über mehrere Jahre ein Kind gemeinsam mit ihrer damaligen Partnerin geplant; als das Kind etwa ein Jahr alt war, haben sich die beiden Frauen getrennt. Mittlerweile lebt Corinna mit ihrem Sohn allein. Die Co- Mutter kümmert sich mehrmals in der Woche um den Sohn. Die meiste Zeit verbringt Luka allerdings mit Corinna. Werktags ist der Junge fast immer bei einem schwulen Tagesvater.
Corinna arbeitet selbständig und kann sich daher ihre Arbeitszeit relativ gut einteilen. Sie möchte ebenfalls bald zum zweiten mal schwanger werden.

## Zahor & Tanja

Bei dem dritten und vierten Interview handelte es sich um das Lesbenpaar Zahor und Tanja. Zuerst habe ich mit Zahor gesprochen, die das erste Kind, einen mittlerweile 1,5 Jahre alten Sohn bekommen hat. Sie war bei einer Samenbank in Israel. Ihre Partnerin ist derzeit schwanger und bekommt das Kind im Sommer. Sie war ebenfalls bei einer Samenbank in Israel.
Zahor kümmert sich vormittags bis zum frühen Nachmittag um das Kind, und kann seit kurzem zu Hause arbeiten; Tanja hat eine volle Stelle. Sie geht sehr früh arbeiten, um sich ab dem späten Nachmittag um den Jungen zu kümmern. Beide haben unabhängig voneinander geäußert, dass sie sich die Arbeit ums Kind ziemlich gleichberechtigt aufteilen; beide meinen, gleichberechtigter, als würden sie mit einem Partner zusammenleben.
Tanja war es wichtig, darauf aufmerksam zu machen, wie schwer es Lesben hierzulande gemacht werde, sich ihren Kinderwunsch zu erfüllen, da ihnen die Möglichkeit einer Insemination hier in einer Klinik vorenthalten wird. Sie ist der Meinung, dass Lesben eventuell die „besseren Mütter" sein können, weil sie sich oftmals jahrelang mit ihrem Kinderwunsch und der Planung eines Kindes beschäftigt haben; anders als viele heterosexuelle Mütter dies je getan haben, falls sie ungewollt schwanger geworden sind.
Ein nennenswerter Aspekt ist ihrer Meinung nach, dass die entstandenen Kosten pro Insemination zwischen 1500 und 3500 Euro betragen.

**Jacqueline**

Das fünfte Interview habe ich mit Jacqueline gemacht; sie ist 40 Jahre alt und hat einen fünf Jahre alten Sohn. Sie hat lange in den USA gelebt und war wegen ihrer Insemination in Kalifornien, da es dort Yes- Spender[255] gab. Das war ihr sehr wichtig. Jaqueline wurde nach der zehnten Insemination schwanger. Sie hat ein paar Jahre mit ihrer Partnerin und dem Kind zusammengelebt. Jetzt ist sie alleinerziehend.

Derzeit versucht sie, sich in Berlin selbständig zu machen; und möchte bald noch ein Pflegekind aufnehmen.

**Jule & Jana**

Die letzten beiden Gesprächspartnerinnen waren Elternpaar Jule und Jana. Nachdem die Frauen zehn Jahre zusammen waren, haben sie vor drei Jahren ihren Sohn Jan bekommen. Die Insemination haben sie auf privatem Weg organisiert. Während der Schwangerschaft gab es Konflikte zwischen dem Paar und dem biologischen Vater. Mittlerweile hat er vor Gericht einmal wöchentlich ein Umgangsrecht eingeklagt. Ich gehe im 7. Kapitel ausführlicher auf diese Belastung für die lesbische Familie ein.

In den ersten Monaten hat sich hauptsächlich Jana das Kind betreut, da sie nicht berufstätig war. Mittlerweile kümmern sich die Mütter gleichberechtigter um das Kind.

## 6.5   Die Auswertungsmethode

Es gibt keinen Konsens über eine bestimmte  Methode, mit der Interviews ausgewertet werden sollten. Die Auswertungsmethode sollte entsprechend dem Thema der Interviews und der bereits verwendeten Erhebungsmethode gewählt werden. Ich habe mich bei der Analyse meiner Daten an der inhaltlich- reduktiven Auswertungsmethode von Lamnek[256] und an der qualitativen Inhaltsanalyse von Mayring[257] orientiert. In der Arbeit mit Leitfadeninterviews mit offenen Fragen geht es häufig um einen bestimmten Problembereich. Ich habe vor dem ersten Interview Hypothesen formuliert, die auf Theorie, anderen Untersuchungen und eigenen Erfahrungen beruhten. Diese habe ich in Kapitel 6.1 genannt. Nach Lamnek sollten die Hypothesen bei der Auswertung vorerst im Hintergrund bleiben, da ansonsten Aspekte, die die Hypothesen bestätigen oder widerlegen möglicherweise übersehen werden. [258]

---

[255] siehe dazu Kap. 2
[256] Lamnek, 1993
[257] Mayring, 1999
[258] Lamnek, 1993

Im Folgenden möchte ich die Arbeitsschritte der Auswertungsmethode vorstellen. Die von mir gewählte Methode wird in drei Schritten ausgeführt.

Ein erster Arbeitsschritt ist, den vorliegenden Text in drei Ebenen zu gliedern. In der ersten Ebene wird das inhaltliche Kodieren durchgeführt, in der zweiten werden Unterkategorien und in der dritten Oberkategorien gebildet. Diese Vorgehensweise gewährleistet, dass möglichst viele Aussagen der Gesprächspartnerinnen erfasst werden und dass die Hypothesen überprüft werden können. Dadurch können sich gegebenenfalls neue Hypothesen ergeben, die auszuformulieren sind. In allen drei Arbeitsschritten werden Kategorien entwickelt, die die Interpretation des Textes ermöglichen.

Beim *inhaltlichen Kodieren* werden auffällige Äußerungen in Form von Textpassagen in eigenen Worten zusammengefasst. Um vorschnelles Interpretieren zu vermeiden, sollten die Zusammenfassungen eng am Text bleiben. Anhand der Textkurzfassung werden *Unterkategorien* gebildet. Dies sind Begriffe, die die Kurzfassungen abstrakter und zusammenfassender formulieren. Hier sollten ausschließlich die eigenen Notizen der ersten Ebene benutzt werden und vermieden werden, in den Text zurückzugehen. Die Unterkategorien werden nummeriert. Auf Grundlage der Unterkategorien werden im letzten Schritt *Oberkategorien* gebildet. Unterkategorien, die einen thematischen Zusammenhang bilden, werden zu einer Gruppierung zusammengefasst und ein wiederum beschreibender Begriff gefunden. Die Oberkategorien werden mit Buchstaben markiert.

Mit der Auswertung des ersten Interviews hatte ich zwanzig Oberkategorien gebildet. Da ich mit weiteren Auswertungen eine thematische Überschneidung einzelner Oberkategorien feststellte, diese in allen Interviews wiederkehrten, fasste ich teilweise zwei oder drei Oberkategorien zu einer zusammen. Dadurch wurden m.E. die verschiedenen Aussagen der Gesprächspartnerinnen verdeutlicht. Letztendlich hatte ein Interview sechs, zwei Interviews zehn und vier Interviews elf Oberkategorien.

Aus diesen Oberkategorien erstellte ich eine Themenmatrix, d.h. alle in den Interviews angesprochenen Themen wurden graphisch dargestellt. Anhand dieser Themenmatrix konnte ich mir einen Überblick darüber verschaffen, welche Inhalte immer wiederkehrten und mich daran bezüglich der Überschriften für meine Auswertung orientieren. Darüber hinaus konnte ich anhand der Themenmatrix ersehen, welche unterschiedlichen Gewichtungen einzelne Oberkategorien bekamen.

Als nächster Schritt folgte die *Interpretation*. Es gilt den maximalen Kontrast und die maximale Vergleichbarkeit der Oberkategorien und der zugehörigen Unterkategorien herauszufiltern. In dem Zusammenhang sollten die vorangegangenen Hypothesen berücksichtigt und hinterfragt werden. Eventuell können sich neue bilden, dies war bei mir nicht der Fall.

Während der Interviewphase und im Verlauf der Interviewauswertung fielen mir Unterschiede in der Ausführlichkeit der Äußerungen von Seiten der Gesprächspartnerinnen auf. Die Prioritäten der Frauen waren keineswegs einheitlich. Es stellte sich heraus, dass auf zwei Themen von allen Interviewpartnerinnen sehr ausführlich eingegangen wurde. Zum einen nahmen die Reaktionen der Umwelt auf lesbische Elternschaft und die Rechtslage für lesbische Familien mehr Raum ein als andere Themen. Ein von mehreren Frauen ausführlich behandeltes Thema war die Stellung des biologischen Vaters.
Mein Eindruck, mit jeder Frau einzeln sprechen zu wollen, hat sich meines Erachtens bestätigt. Am deutlichsten empfand ich das während der Interviews mit Frauen, die mit ihrer Partnerin zusammen lebten. Eine Frau ging durchweg wesentlich ausführlicher auf meine Fragen ein als ihre Partnerin. Vermutlich war für den Kommunikationsfluss der einzelnen Frauen von Vorteil, dass sie alleine befragt wurden.[259]

Meine Methode der Auswertung unterscheidet sich daher von Mayring, weil ich viel näher am Originalmaterial geblieben bin. Ich habe mich stark an den Biographien der Gesprächspartnerinnen orientiert und nicht so sehr paraphrasiert. In der Auswertung habe ich häufig beispielhaft sogenannte Einzelfälle hervorgehoben.

---

[259] Das längste Interview ging über 90 Minuten, die anderen sechs zwischen 40 und 60 Minuten.

# 7 Auswertung der Interviews

## 7.1 Zum Kinderwunsch

Ein gesellschaftliches Vorurteil gegenüber lesbischen Frauen ist es, dass Lesben keine Kinder bekommen (können). Dies haben Lesben teilweise selbst verinnerlicht, da ihre Sozialisation in einer heterosexuell geprägten Umwelt stattfand. Daher erschien es mir wichtig, danach zu fragen, ob meine Gesprächspartnerinnen schon immer wussten, ob sie ein Kind haben möchten oder ob diesem Wunsch ein bestimmtes Ereignis vorangegangen war. Bei den meisten meiner Gesprächspartnerinnen (bei vier Frauen) war schon immer ein Kinderwunsch vorhanden. Zwei Frauen konnten sich bis vor wenigen Jahren nicht vorstellen, jemals ein Kind zu haben. Davon wollte eine Frau auf keinen Fall selber schwanger werden.

*„Und irgendwie war das so: ich bin jetzt dran und bin die nächste."*
Corinna und Jana waren sich bis vor ein paar Jahren sicher, dass sie kein Kind haben möchten. Als vor fast zehn Jahren Corinnas Mutter starb, war deren Tod ein Auslöser dafür, dass sie plötzlich einen Kinderwunsch verspürte. *„Und irgendwie war das so: ich bin jetzt dran und bin die nächste. Es war ganz merkwürdig. Hätte ich nie gedacht, dass ich so etwas überhaupt empfinden könnte, aber das war so."*
Auch für Jana kam ein eigenes Kind zunächst überhaupt nicht in Frage. Sie war sich sicher, dass sie niemals ein Kind bekommen würde. Mit ihrem 35. Geburtstag veränderte sich ihre Einstellung, jemals eigene Kinder haben zu wollen, was sie sehr überraschte. *„Kurz vor meinen 35. Geburtstag hatte ich plötzlich gemerkt, dass sich das total verändert, mehr über einen Zufall. Und stand dann plötzlich da und denk nein, das kann ja nicht sein. Also, du und ein Kinderwunsch? Unvorstellbar."*

Jana setzte sich eine Bedenkzeit von einem Jahr, wusste in ihrem Inneren eigentlich schon, dass ihr Wunsch nach einem Kind enorm groß war. Der Umstand, dass es für sie als Lesbe nicht ohne Hürden möglich schien, schwanger zu werden, ließ sie zeitweilig ziemlich verzweifeln. Teilweise empfand sie den Kinderwunsch als Belastung, da viele Faktoren bei der Umsetzung eine Rolle spielen. *„Also, dieser Kinderwunsch war dann auch teilweise wirklich so extrem, dass er auch belastend war. Also, weil das ja auch wirklich diese Geschichte ist, zum einen hast du den Wunsch und dann kannst ja nicht mal mit deiner Freundin ins Bett hüpfen und versuchen, sondern musst ja da wirklich ganz andere Überlegungen anstellen, ja. Also, wie machst du das? Wie setzt du das um? Wie lebst du danach damit? Was sagt das Umfeld? Was sagt das Kind? Was sagt die Familie? Also, diese ganze Geschichte, die ist ja anders als bei heterosexuellen Paaren, die dann einfach mal, wie alle Welt von ihnen erwartet, schwanger werden. Und auf der anderen Seite war es natürlich auch so ganz schwie-*

rig, da wir wie gesagt, eigentlich nicht auf einen Samenspender zurück-greifen wollten."

**„Dass ich mich in eine Frau verliebt habe, erschien mir nie als Hindernis."**

Zahor und Tanja äußerten, dass sie beide ihr Lesbischsein nie als Hürde empfunden haben, sich ihren Kinderwunsch zu erfüllen. *„Die Tatsache, dass ich mich in eine Frau verliebt habe, erschien mir nie als Hindernis."* Tanjas Coming Out änderte nichts an ihrem Wunsch, Kinder zu bekommen. Genauso war es für Zahor: sie empfand ihr Lesbischsein nicht als hinderlich, einmal Kinder zu bekommen. *„Vor 10 Jahren habe ich entdeckt, dass ich lieber mit einer Frau zusammen lebe, aber dieser Gedanke war immer im Kopf. Nie habe ich meine Meinung geändert, dass ich Kinder haben will. Das war bei mir so eine Entscheidung, die blieb."*

**„Mir klar war, dass ich vorher erst mal einen Beruf abschließe."**

Die meisten Frauen waren sich immer sicher, dass sie eines Tages Kinder haben wollten. Für mehrere stand aber im Vordergrund, vorher ein Studium oder eine Ausbildung abzuschließen.

Andrea hätte ihre Lehre aufgrund von gesundheitlichen Risiken abbrechen müssen, wenn sie in dieser Zeit schwanger geworden wäre. Daher war an keine konkrete Kinderplanung zu denken. Für Tanja kam eine konkrete Planung auch erst nach dem Abschluss ihrer Berufsausbildung in Frage.

## 7.2   Entscheidung zum Kind

Eine meiner Vorannahmen war, dass es möglicherweise zeitlich lange dauert, bis sich eine Lesbe oder ein Lesbenpaar zu einem Kind entscheidet und konkret plant, auf welchem Weg eine Frau schwanger werden kann. Zudem kam die Frage auf, ob Lesbenpaare gemeinsam die Entscheidung treffen, ein Kind zu bekommen oder ob eine Frau auch innerhalb ihrer Beziehung alleine beschließt, sich ihren Kinderwunsch zu erfüllen, wenn ihre Partnerin kein Kind möchte.

Von meinen sieben Gesprächspartnerinnen waren sechs zur Zeit der Entscheidungsfindung in Beziehungen. Die Dauer des jeweiligen Entscheidungsprozesses war bei sechs Frauen sehr unterschiedlich. Fünf davon haben mit ihrer Partnerin gemeinsam beschlossen, ihren Kinderwunsch zu realisieren. Die Entscheidungsfindung dauerte zwischen zwei bis sechs Jahre. Eine Frau ohne feste Partnerin hatte entschieden, Kinder zu bekommen, nachdem ihre Ausbildung abgeschlossen war.

**"Wir haben uns viele Jahre Gedanken gemacht, diskutiert und gelesen."**

Bei der Dauer des Entscheidungsprozesses spielten sehr unterschiedliche Faktoren eine Rolle. Zwei Frauen waren mitten in ihrem Coming Out und wollten erst mal probieren, wie ihre Beziehung läuft. Das Paar diskutierte monatelang, u.a. wie viele Kinder sich beide vorstellen und wie sie Familie definieren wollen. Diese Gespräche nahmen viel Zeit in Anspruch. *"Dann kam es zu einem Entscheidungsprozess, vielleicht ein paar Monate, wo wir immer wieder darüber geredet haben. Weil das natürlich auch immer eine Frage ist, wie viel – also ich habe auch immer gesagt, ich möchte vier Kinder und da war unsere Beziehung so ganz gut, so dass klar war, wir definieren zusammen die Familie oder wir definieren sie noch mal ganz anders. Und dann haben wir relativ schnell entschieden, dass wir gemeinsam Kinder haben wollen und haben dann angefangen zu überlegen, wie machen wir das. Und das hat halt alles gedauert."*

Bei Corinna und ihrer damaligen Partnerin Kerstin (und Co- Mutter des gemeinsamen Sohnes Luka) nahm der Entscheidungsprozess etwa sechs Jahre in Anspruch. *"Wir haben uns viele Jahre Gedanken gemacht und ganz viel diskutiert und ganz viel gelesen und mit anderen geredet."* Unter anderem wurden schon getroffene Entscheidungen rückgängig gemacht; der Prozess scheint lang und beschwerlich. Nach mehreren Absagen von potenziellen Samenspendern entschied sich ihre damalige Partnerin gegen ein Kind. Nach etwa einem Jahr äußerte sie erneut einen Kinderwunsch. Zuerst wollte Kerstin das Kind austragen, später entschieden sie sich um.

Bei den anderen vier Gesprächspartnerinnen nahm die Entscheidungsfindung für ein Kind weniger Zeit in Anspruch. Vom Thematisieren bis zum Entscheiden dauerte es bei Jana und Jule etwa zwei Jahre. Danach waren sich beide ganz sicher, dass sie gemeinsam ein Kind bekommen wollten. Jacqueline setzte ihren Entschluss zu einem Kind relativ schnell um. Als bei ihr beruflich Engpässe abzusehen waren, fand sie, dass ein guter Zeitpunkt für ein Kind gekommen war. Sie kümmerte sich umgehend um eine passende Klinik, um eine Insemination durchführen zu lassen.[260] Da Andrea schon lange entschieden war, dass sie nach Abschluss ihrer Ausbildung schwanger werden wollte, gab es bei ihr keine nennenswerte Zeit einer Entscheidungsfindung.

---

[260] Jacqueline lebte zu der Zeit in den USA. Dort kann jede Frau mit Kinderwunsch eine Samenbank in Anspruch nehmen.

*„Meine Freundin wollte eigentlich kein Kind haben."*
Von den Frauen, die zur Zeit der Planung in einer Beziehung lebten, hat sich eine Frau, unabhängig von ihrer Partnerin, für ein Kind entschieden. Für die Partnerin war ein Kind unter anderem unvorstellbar, weil sie an einer unheilbaren Krankheit litt und fürchtete, sich bald nicht mehr um ein Kind kümmern zu können. Beide hatten abgesprochen, dass die Verantwortung für ein Kind allein bei Jacqueline liegen würde. *„Die hat dann gesagt, wenn ich das unbedingt will, dann wird sie sich nicht dagegen stellen, aber es ist dann halt mein, meine Verantwortung und alles."*

## 7.3 Die Planung

Ein wesentlicher Teil der Kinderplanung bestand aus Überlegungen, auf welchem Weg die Frauen schwanger werden konnten und darin, welche Rolle der potenzielle Samenspender spielen sollte. Zwei Frauen haben sich bewusst für einen anonymen Spender entschieden. Die anderen Gesprächspartnerinnen hatten zuerst den Wunsch, den biologischen Vater zu kennen, um ihn dem Kind zeigen zu können. Mehrere Frauen hätten es sich gut vorstellen können, dass sich möglicherweise ein eigenständiger Kontakt zwischen ihrem Wunschkind und dem potenziellen Spender entwickelt. Die Hälfte der Frauen hatte den Wunsch, dass der biologische Vater eine aktive Vaterrolle übernimmt. Allerdings existierte kein Wunsch nach einem gleichberechtigten Elternteil. Für drei Frauen, die sich einen bekannten Spender- einen Freund oder Bekannten- gewünscht hatten, war klar, dass der Mann keine gleichberechtigte Elternrolle spielen sollte neben den beiden Müttern. In der Realität hat sich bei mehreren Müttern einiges ganz anders entwickelt.

Eine weitere Vorannahme war, dass es eventuell mehrerer Jahre bedarf, ehe eine Lesbe Mutter geworden ist, da bei einer Kinderplanung diverse Faktoren eine Rolle spielen. Bei den Gesprächspartnerinnen dauerte es unterschiedlich lange, bis sie ihren Kinderwunsch realisiert hatten. Der zeitliche Umfang der Kinderplanungen lag zwischen zwei und sieben Jahren. Sechs von sieben Gesprächspartnerinnen waren mindestens einmal schwanger (die sechste Frau war z.Z. des Interviews schwanger); bei fünf von ihnen waren etwa zehn Inseminationsversuche notwendig. Zwei Frauen waren nach dem ersten Versuch schwanger.

### 7.3.1 Samenspender oder Vaterrolle? - Ein bekannter oder unbekannter Mann?

*„Es war klar, ich wollte nicht mehr als zwei Eltern."*
Ausschließlich ein Lesbenpaar hat sich für einen anonymen Spender entschieden, da eine Partnerin nicht mehr als zwei Elternteile für ihre Kinder
wollte. Beide Frauen thematisierten *„die ganzen möglichen Kombinatio-
nen: Mit Vater, ohne Vater - jetzt mit anerkanntem Vater sozusagen - ob
wir zu dritt oder zu viert Kinder haben wollen. Es war klar, ich wollte nicht
mehr als zwei Eltern und deshalb war die einfachste Lösung die Insemination. Es ist über eine Samenbank in Israel gelaufen. Es war die richtige
Idee, nur wir zu zweit. Also, mit einem Samenspender ist es einfach das
einfachste, auf jeden Fall."*

*„Wir wollten da nicht noch jemand drittes haben, aber schon, dass da
jemand ist, wo man auch sagen kann, guck mal, der war das."*
Außer Zahor und Tanja wünschten sich die Frauen einen ihnen bekannten
Spender bzw. einen Mann, der sich vorstellen könnte, Kontakt zu den Kindern aufzubauen. Gleichzeitig wünschten sie sich aber jemanden, der sich
damit einverstanden erklärt, kein drittes gleichberechtigtes Elternteil zu
sein. Die Rechtslage in der Bundesrepublik spielt bei dieser Thematik eine
enorm große Rolle. Wenn sich ein Samenspender im Laufe der Zeit überlegt, dass er gerne aktiv Vater sein würde, und es aber gegenteilige Absprachen mit den Müttern gibt, kann dieser Mann ein sogenanntes Umgangsrecht gerichtlich einfordern. Schriftlich fixierte Vereinbarungen mit
dem sogenannten Samenspender, dass dieser sich damit einverstanden
erklärt, keinen Anspruch auf die Kinder zu erheben, sind vor Gericht nichtig. Aufgrund der aktuellen Rechtslage haben die Frauen große Angst, einen ihnen bekannten Mann bzw. Spender in Anspruch zu nehmen, obwohl
sie es ihren Kindern auf der anderen Seite gerne ermöglichen wollen, ihren
biologischen Vater kennen zu lernen.

Jana und ihrer Partnerin ist diese damalige Planungszeit noch sehr prä-
sent. Im Nachhinein erinnert sie sich an ihre Vorfreude auf ein Kind, aber
genauso an die Schwierigkeiten, die ihnen bevorstanden. Weder sie noch
Jule wollten einen Mann, der ausschließlich als Samenspender fungierte.
Dieser Prozess stellte sich als sehr schwierig heraus und zog sich über einen längeren Zeitraum hin, als Jana lieb war. Die Männer, die für beide in
Frage gekommen sind, konnten sich nicht vorstellen, keinen aktiven El-
ternpart zu übernehmen. *„Und zwischendurch war ich teilweise sehr ver-
zweifelt, ob dieser Wunsch was wird. Zwei Jahre hat mich das schon sehr
arg beschäftigt und dann hatte man mal ein Gespräch, hatte jemanden ins
Auge gefasst- und dann gab es halt eine Absage. Das war schwer zu ver-
arbeiten. Das hat mich wirklich auch Kraft gekostet."*

Aufgrund ihrer Erfahrungen wiederholt sie mehrmals sehr vehement, dass sie heutzutage nach Holland zur Insemination fahren würde oder aber sie müsste den potenziellen Spender sehr gut kennen. *„Weil einfach aus der Erfahrung, wie man gelebt hat und was sich auch für Konsequenzen erge-ben haben."*

Sie und ihre Partnerin hatten o.g. Schwierigkeiten mit dem sogenannten Samenspender. Zu Beginn der Planung hatte er sich einverstanden erklärt, keine Ansprüche an das Kind zu erheben. Nachdem es häufiger Konflikte zwischen dem Frauenpaar und dem Mann gab, hat er vor Gericht ein Um-gangsrecht zugesprochen bekommen, obwohl es vor der Schwangerschaft andere Absprachen mit dem Frauenpaar gegeben hat. Seitdem Jana diese Erfahrungen gemacht hat, empfiehlt sie allen Lesben mit Kinderwunsch, lieber nach Holland zur Insemination zu fahren.

### *„Uns war wichtig, dass der Spender nicht anonym ist..."*

Fünf von meinen Gesprächspartnerinnen waren bisher mindestens einmal schwanger. Somit ergaben sich fünf sehr unterschiedliche Wege, auf wel-che Weise eine Frau schwanger geworden ist. Ein Paar hatte sich die Sa-menspende aus einer holländischen Klinik zuschicken lassen. Sie haben sich für einen sogenannten Yes- Donor[261] entschieden, um dem Kind zu ermöglichen, mit Volljährigkeit seinen biologischen Vater kennen zu lernen. *„Uns war wichtig, dass der Spender nicht anonym ist, d.h. dass Luka, wenn er 18 ist, dahin fahren kann und mit dem mal einen Kaffe trinken gehen kann. Das war mir wichtig."* Corinna ist beim dritten Inseminationsversuch schwanger geworden.

Ein weiteres Paar war in einer ausländischen Samenbank; dort gab es nur anonyme Samenspender und die Insemination konnte ausschließlich vor Ort durchgeführt werden. Zahor ist nach dem elften Versuch schwanger geworden. Das dritte Paar hat die Insemination im privaten Rahmen mit Hilfe eines Bekannten organisiert und es klappte beim ersten Versuch. Jacqueline war in Kalifornien in einer Samenbank. Sie hat sich aus dem gleichen Grund wie o.g. Paar für einen sogenannten Yes- Donor entschie-den. Ihr war die Möglichkeit extrem wichtig, ihrem Kind anbieten zu kön-nen, mit dem 16. Lebensjahr seinen biologischen Vater kennen zu lernen. Es dauerte etwa anderthalb Jahre bis sie nach zehn Versuchen schwanger war. Andrea hat über eine Freundin einen schwulen Mann mit Kinder-wunsch kennen gelernt. Die Insemination haben sie in einer Praxis in Westdeutschland durchführen lassen. Sie ist nach dem ersten Versuch schwanger geworden. Andrea begründet das mit der *„Professionalität, die die da an den Tag legen, mit Spritzen und Hormonen und da hab ich mir gedacht, das ist  sehr schön, wenn die da nicht lange rumkämpfen, dann*

---

[261] Yes- Donor (Yes- Spender) haben sich damit einverstanden erklärt, dass „seinen Kindern" mit Volljäh-rigkeit seine Identität preisgegeben werden kann. (siehe auch Kap. 2)

*bezahlt man das einmal und dann ist das Kind da. Ich denke schon, dadurch hat das gleich beim ersten Mal geklappt."*

**„Wenn ich verunglücke, dass die Kinder dann trotzdem einen Vater haben, nicht Vollwaisen sind."**
Andrea wünschte sich, dass der biologische Vater ihrer Kinder eine aktive Vaterrolle übernimmt. Sie und der Vater ihrer Tochter wohnen zwar nicht in einer Stadt, trotzdem finden regelmäßige Treffen zwischen ihnen statt. Für sie hat diese Art von Kontakt mehrere Vorteile; zum einen kann sie sich gut vorstellen, dass er mit den Kindern mal die Ferien verbringt, zum anderen haben die Kinder noch einen leiblichen Elternteil, *„wenn ich zum Beispiel verunglücke oder so, dass die Kinder dann trotzdem einen Vater haben, also dass sie nicht Vollwaisen sind sozusagen dann. Auch daran denke ich manchmal."*


## 7.3.2 (Nicht) jede Frau mit Kinderwunsch möchte schwanger werden...

**„Ich hatte originär auch das Bedürfnis, schwanger zu werden."**
Bei Frauenpaaren ist es zu Anfang einer Kinderplanung häufig nicht ganz klar, welche Frau das Kind austragen wird. Wenn eine von beiden keine gesundheitlichen Probleme hat, die eine Schwangerschaft ausschließen, gibt es möglicherweise Diskussionen darüber. Dennoch möchten nicht alle Frauen mit Kinderwunsch schwanger werden. Von meinen Gesprächspartnerinnen hatten fast alle Frauen (sechs Frauen) das Bedürfnis, eine Schwangerschaft zu erleben. Für eine Gesprächspartnerin kam das allerdings überhaupt nicht in Frage. Möchte ausschließlich eine von beiden Frauen schwanger werden, kann das die Entscheidung vereinfachen. Es spielen aber noch weitere Kriterien eine Rolle, welche Frau das Kind bekommen wird. Darauf wird später genauer eingegangen.

Bei zwei Paaren wollte zuerst die heutige Co-Mutter das Kind bekommen. Aus verschiedenen Gründen wurde die getroffene Entscheidung rückgängig gemacht, und die andere versuchte, schwanger zu werden. Corinna und Kerstin hatten beispielsweise zuerst besprochen, dass Kerstin das Kind bekommen sollte. Sie disponierten um, da Kerstin gerade eine neue Arbeitsstelle gefunden hatte und Corinna das Bedürfnis verspürte, schwanger zu sein. Kerstin dagegen wollte sozusagen nur ein Kind. Corinna sagte: *„Ich bin auch zwei Jahre, drei Jahre älter als sie und ich hatte originär auch das Bedürfnis schwanger zu werden. Sie wollte eigentlich nur ein Kind. Hätte das in Kauf genommen, aber ich wollte das gerne auch mal erleben und dann haben wir spontan unentschieden."*

Jana wusste auch, dass sie gerne eine Schwangerschaft erleben wollte. Als sie sich mit ihrer Partnerin darüber im Klaren war, dass sie beide ihren Kinderwunsch in die Realität umsetzen wollten, wurde ihr das ganz schnell bewusst. *„Dann war mir auch klar, ich will das ganze Paket – Schwangerschaft und all das drum und dran. Da war ich dann auch total neugierig drauf. Da habe ich mich dann auch sehr drauf gefreut."*

### 7.3.4 Die Häufigkeit der Inseminationsversuche

*„Ab dem sechsten Mal wurde das schon irgendwie belastend."*
Der zeitliche Umfang einer Kinderplanung durch Insemination erfordert viel Zeit, Geduld und starke Nerven. Etwas mehr als die Hälfte  meiner Gesprächspartnerinnen (vier) haben ungefähr acht bis elf  Inseminationsversuche benötigt, um schwanger zu werden. Diese häufigen Versuche fanden monatlich statt bzw. haben einige Frauen Pausen von wenigen Monaten eingelegt. Bei Zahor hat es fast anderthalb Jahre gedauert, bis sie schwanger wurde. Es klappte beim elften Mal. *„Das war schon sehr belastend. Ab dem sechsten Mal wurde das schon irgendwie belastend. Man redet im Durchschnitt von 6 Monaten und dann ist es schon nicht einfach. Es hat ein Jahr und vier Monate gedauert, glaube ich. Also, ich habe nicht viel Pause gemacht."* Die anderen drei Frauen benötigten bis zu drei Versuche, um schwanger zu werden.

### 7.3.5 Ein weiteres Kind?

*„Wir versuchen sehr schnell, das zweite Kind zu kriegen. Das ist ja alles Planungssache."*
Ausschließlich Jana und Jule planen derzeit kein weiteres Kind, ansonsten wollen alle anderen mindestens noch ein oder mehrere Kinder. Bei Zahor und Tanja ist z.Z. des Interviews ein Weiteres unterwegs; das Paar möchte insgesamt drei oder vier Kinder haben. Ursprünglich wollten sie die Kinder abwechselnd bekommen. Obwohl die Geburt des ersten Kindes sehr dramatisch verlief, planten sie die nächste Schwangerschaft, als das erste Kind 9 Monate alt war. Tanja probierte über die gleiche Samenbank wie ihre Partnerin schwanger zu werden. Ihre psychische Verfassung während der Inseminationsversuche war nicht gut, sie fühlte sich sehr gestresst. *„Wir haben halt beide gesagt, auch angesichts der Tatsache, dass wir beide deutlich auf Mitte dreißig zu gehen – ich bin jetzt 35 geworden – Nach ihrer Geburt müssen beide klären, wer das dritte Kind bekommt."* Nach Meinung von Tanja werden sie darüber noch genügend Diskussions-bedarf haben.

## 7.4 Die Stellung einer männlichen Bezugsperson

Die meisten meiner Interviewpartnerinnen fanden eine oder mehrere männliche Bezugsperson(en) wichtig für ihre Kinder. Sie wollten eine positive männliche Identifikationsfigur für ihr Kind, insbesondere wenn sie einen Jungen bekommen hatten.

### „Da haben wir wirklich den Glücksgriff gemacht."

Außer Zahor und Tanja haben alle Frauen eine männliche Bezugsperson für ihr Kind. Andrea, Corinna, Jacqueline, Jana und Jule haben sich schon vor der Geburt des Kindes eine männliche Bezugsperson für ihr Kind gewünscht. Auch Corinna und ihrer ehemaligen Partnerin Kerstin war es ein Anliegen, dass ihr Kind eine *„männliche Kontaktperson"* haben sollte. Es gab in ihrem Bekanntenkreis nicht viele Männer; beide dachten dennoch, dass sich im Laufe der Zeit eine männliche Bezugsperson finden würde. Durch Zufall kam der Kontakt zu einem schwulen Mann zustande. Dieser ist Erzieher, Vater von zwei Pflegekindern und Tagesvater. Er hat Corinna während ihrer Schwangerschaft eine Kinderbetreuung angeboten. Bald nach der Geburt haben die Frauen erstmals ihren Sohn zu dem Tagesvater gebracht, und daraus hatte sich mittlerweile ein vertrautes Verhältnis entwickelt. Laut Corinna *„hat es sich jetzt so toll entwickelt, dass es eben auch über diese Tagespflege hinaus das Bedürfnis ist, auch kontinuierlichen Kontakt zu haben auch über Jahre, auch mit dem zweiten Kind, was ich jetzt plane. Dass das da abgedeckt ist. Das ist ganz toll. Da haben wir wirklich den Glücksgriff gemacht."*

### „Ich denke, dass es für ein Kind wichtig ist, Männer als Vorbild zu haben."

Aus welchem Grund eine männliche Bezugsperson von den meisten meiner Gesprächspartnerinnen für so notwendig erachtet wird, erklärt Jule folgendermaßen: Jule und ihre Partnerin waren aus dem Grund gegen einen anonymen Samenspender, weil sie ihrem Kind ermöglichen wollten, den biologischen Vater kennen zu lernen bzw. gefiel ihnen der Gedanke, dass sich ein Kontakt zwischen dem Kind und ihm entwickeln könnte. Gerade ein Junge braucht Männer als eine Art Vorbildfunktion. *„Ja, ich denk grad bei einem Jungen ist das auch total wichtig. Wir haben ja fast nur Freundinnen. Wir haben zwar auch einige männliche Freunde, aber nicht so viel und ich denk schon, dass es wichtig ist für ein Kind, Männer eben auch als Vorbild zu haben."*

### „Der soziale Vater hatte sofort eine absolute Bindung beziehungsweise das Kind zu ihm."

Drei Gesprächspartnerinnen haben keine spezielle männlich Bezugsperson für ihr Kind. Bei einer Frau ist mittlerweile der schwule Tagesvater eine männliche Bezugsperson für ihr Kind. Eine Gesprächspartnerin bezeichnet den biologischen Vater gleichzeitig als männliche Bezugsperson.

Bei zwei Frauen, die ein Paar sind, gibt es einen biologischen und einen sozialen Vater. Letztgenannte Männer haben zwar Kontakt zu dem Kind, allerdings wird ausschließlich der soziale Vater als männliche Bezugsperson angesehen. Während der Planung gab es Abmachungen, dass der biologische Vater keine aktive Rolle im Leben des Kindes spielen würde. Er änderte seine Meinung und hat mittlerweile gerichtlich ein Umgangsrecht mit „seinem" Kind zugesprochen bekommen. Inzwischen sieht der biologische Vater Jan einmal wöchentlich, aber *„wahre Liebe zu seinem biologischen Vater, die hat er nicht entdeckt, definitiv nicht."* Ihr Sohn Jan hat sich Paul als seinen sozialen Vater selber ausgesucht. Er ist ein schwuler Nachbar, Vater einer erwachsenen Tochter. Paul war *„hellauf begeistert, dass ich also nun schwanger war und fand das ganz toll und kam sofort mit Geschenken an und hat sich tierisch drauf gefreut. Er ist hier rein und hat das Kind begeistert auf dieser Welt begrüßt. Und das war total interessant, weil das waren also Unterschiede zwischen diesen beiden Männern wie Tag und Nacht. Also der eine war der leibliche Vater; dem zu zugucken, wie er diesen Säugling angeguckt und angefasst hat, das war furchtbar. Das war einfach peinlich auch. Der hat überhaupt kein Gefühl dafür, kein Gespür, nix entwickelt. Und der andere ist also, wie gesagt, biologisch überhaupt nicht verbunden und der hatte sofort absolute Bindung beziehungsweise das Kind zu ihm."* Jan spricht Paul zwar nicht „Papa" an, trotzdem ist der für das Kind eine Papafigur. *„Das ist da eine große Liebe und die haben eine ganz enge Beziehung miteinander."* Deren Beziehung ist so, wie sie sich das mit dem biologischen Vater mal erhofft hatte.

### *„Jetzt hat es halt keinen Vater."*

Tanja erinnert sich an gemeinsame Diskussionen mit ihrer Partnerin und daran, dass sie das schön gefunden hätte, wenn ihr Kind eine männliche Bezugsperson gehabt hätte. *„Ich war eher diejenige, die da weniger abgeneigt war, weil ich mir das nett vorgestellt habe."* Ihre Partnerin war von dieser Idee nicht überzeugt. Letztendlich fanden sie beide niemanden im Bekanntenkreis, den sie sich gut für ihr Kind vorstellen konnten. *„Aber im Endeffekt hatten wir in unserem Freundeskreis bei den Männern niemanden, wo wir sagen konnten: sofort, ja der ist es! ... Jetzt hat es halt keinen Vater."*

## 7.5 Reaktionen der Umwelt auf Lesbische Elternschaft

Meine Gesprächspartnerinnen haben sehr unterschiedliche Erfahrungen mit ihren Familien, am Arbeitsplatz und in ihrer unmittelbaren Umgebung gemacht. Gerade bei dieser Thematik möchte ich voranstellen, dass es sicherlich einen großen Unterschied gemacht hat, mit in einer Großstadt lebenden lesbischen Müttern zu reden als mit lesbischen Müttern, die in Kleinstädten oder auf dem Land leben. Jede Gesprächspartnerin hat thematisiert, welche Umwelteinflüsse Priorität für sie haben; teilweise unterscheiden sich dadurch deren Schwerpunkte. Gemeinsamkeit aller sieben Frauen ist, dass sie alle über Reaktionen ihrer Herkunftsfamilie sprachen. Bei zwei Frauen akzeptieren die Eltern den Lebensweg ihrer Tochter (ihre lesbische Lebensweise und ihre Mutterschaft) nicht, bei zwei weiteren wird ihre lesbische Familie ausschließlich im engsten Familienkreis akzeptiert. Die anderen drei Frauen werden nicht nur akzeptiert, sondern sogar sehr unterstützt.

### 7.5.1 Die Reaktionen der Eltern sind sehr unterschiedlich

*„Meine Mutter kam nicht damit klar, als ich mit meiner ersten Freundin ankam."*
Zwei Frauen haben ein schwieriges Verhältnis zu ihren Eltern, seit diese von der lesbischen Lebensweise ihrer Tochter wissen. Das Kinderkriegen hat daran nichts Wesentliches verändert. Andrea hat kein gutes Verhältnis mit ihren Eltern. Ihre Mutter findet es nicht in Ordnung, wenn Lesben und Schwule Kinder kriegen. Ihr Vater *„mag ihren Lebensweg sowieso nicht."* Deshalb hat Andrea ihren Eltern nicht erzählt, dass sie ihre Tochter über Insemination bekommen hat. *„Die denken, ich habe einen Seitensprung gemacht oder so."*

*„Meine Eltern?- Die kann man vergessen."*
Zahors Eltern haben das Lesbischsein ihrer Tochter ebenfalls nicht akzeptiert. Sie hat eine schwierige Beziehung zu ihren Eltern. Beide waren um die fünfzig Jahre alt, als sie Zahor adoptiert haben. Es hat ihnen *„nie gefallen"*, dass ihre Tochter mit einer Frau zusammenlebt. *„Tanja haben sie sowieso nicht akzeptiert."* Daran hat auch die Geburt ihres Sohnes *„nicht viel geändert. Von Akzeptanz kann man da nicht genau reden. Also Valeska ist immer noch draußen. Ich hab ihnen auch erzählt, jetzt vor drei Wochen, dass wir noch ein Kind erwarten. Meine Mutter war nicht begeistert und mein Vater ..., er ist ein bisschen weicher. Also von daher, meine Eltern kann man vergessen."* Zahor beschreibt ihren Vater als etwas umgänglicher als ihre Mutter; dennoch hat sie zu beiden kein gutes Verhältnis.

**„Das macht sich nicht gut in dieser Kleinstadt und sie erzählt das auch nicht."**

Die meisten Frauen sprachen davon, dass sie sich als lesbische Mutter von ihren Eltern akzeptiert fühlen. Dennoch findet diese eher im kleineren Familienkreis statt und in der Nachbarschaft wird es häufiger von Seiten der Mütter und Väter verschwiegen, dass das Enkelkind von zwei Müttern aufgezogen wird. Den Eltern fällt es schwer, ihrer Umwelt gegenüber ein lesbisches Großeltern- Coming- Out zu wagen.

Jules Familie lebt auf einem Dorf in Westdeutschland und reagiert *„eigentlich (Pause) sehr aufgeschlossen. Es ist so ein bisschen schwierig, weil meine Mutter sehr darauf achtet was die anderen sagen."* Innerhalb der Familie *„nimmt sie Jan total an"* und unternimmt auch alleine etwas mit ihm. Jule vermutet von Seiten ihrer Eltern, dass zwischen ihrem Sohn und Kindern, die ihre Geschwister eventuell bekommen werden, unterschieden wird, da sie Jan nicht geboren hat. *„Es wird einen Unterschied geben zu den Kindern, die meine Geschwister dann noch eventuell kriegen werden."* Allerdings stand zum letzten Weihnachtsfest auf einem Kärtchen an Jans Geschenk „von Oma und Opa".

In Janas Herkunftsfamilie haben sich überwiegend alle gefreut, dass sie ein Kind bekommt. *„Das hat mich sehr überrascht, weil ich dachte meine Mutter fällt in Ohnmacht und findet das ganz schrecklich, dass ich jetzt nicht nur lesbisch lebe, sondern dann auch noch ein Kind kriegen muss. Und wenn schon also ein Kind, dann sollte ich doch wenigstens traditionell heterosexuell werden, weil das wäre ihr sehr viel lieber. Wobei wir so natürlich nie darüber sprechen."* Janas Mutter *„war mehr als hin und hergerissen",* dass Jana schwanger war. Zum einen hat sie sich über ein Enkelkind gefreut, zum anderen findet sie es schwierig innerhalb der Kleinstadt, nach außen hin zu vertreten, dass ihre Tochter mit einer Frau ein Kind hat. Daher erzählt sie es niemandem außerhalb ihrer Familie. *„Sie findet das schon schwierig, weil das macht sich nicht so gut in dieser Kleinstadt und das erzählt sie auch nicht. Das also noch eine zweite Frau quasi mit Mutter ist, aber sie akzeptiert das auf eine Art schon irgendwie. Sie ist nicht begeistert davon, das gab auch schon Zoff darum, aber meine Mutter streitet sich ja nicht so richtig mit mir, sondern sie zickt dann halt rum."* Dennoch findet die Mutter von Jana toll, dass es Jan gibt und *„freut sich über ihren dritten Enkel genauso wie über die anderen beiden."*

**„Meine Mutter hatte ein lesbisches Großmutter- Coming Out in zwei Wochen."**

Die Akzeptanz der lesbischen Kleinfamilie scheint bei fast allen Frauen innerhalb ihrer Herkunftsfamilie vorhanden zu sein. Dennoch bleibt diese Akzeptanz eher auf den engsten Familienkern beschränkt. Ausschließlich eine Gesprächspartnerin, nämlich Tanja, spricht explizit von einem Coming Out ihrer Mutter als lesbische Großmutter.

Als Tanjas Partnerin schwanger war, haben ihre Eltern sehr unterschiedlich auf diese Nachricht reagiert. Die Schwierigkeiten der Mutter haben vermutlich damit zu tun, das sie nicht darüber aufgeklärt ist, was genau eine Insemination ist. Tanjas Mutter *„war glücklich für uns, aber so ein bisschen unter Vorbehalt, weil, sie tut sich wahnsinnig schwer mit dieser ganzen Geschichte der Insemination.“* Die Mutter hat sich durch die dramatischen Umstände der Geburt des Jungen sehr verändert und *„hatte sozusagen ein lesbisches Großmutter- Coming Out in ganzen zwei Wochen.“* Im Familien- und Freundeskreis erzählte sie von der komplizierten Geburt und dem ungewissen Gesundheitszustand des Jungen. Die Mutter, von Beruf Psychologin, hat an sich selbst gearbeitet. Mittlerweile akzeptiert sie die Familie ihrer Tochter und hat zu ihrer Partnerin und deren Familie ein gutes Verhältnis. *„Meine Eltern haben nach vielen Mühen und ein paar Jahren [...] haben sie die Beziehung akzeptiert und geben sich viel Mühe mit Zahor, also jetzt auch seit ein paar Jahren wird sie auch als Schwiegertochter vorgestellt.“*

### *„Die anderen Enkel stehen nicht bei den Großeltern auf dem Regal.“*
Mehrere Frauen wie Corinna, Tanja, Jaqueline, Jule und Jana haben sehr positive Erfahrungen mit ihrer Herkunftsfamilie gemacht, was ihr Kind betrifft. Ausführlich erzählte Corinna von ihrer Familie und der Familie ihrer ehemaligen Partnerin. Beide haben fast durchweg gute Erfahrungen gemacht. Als das Paar auf dem Weg in die holländische Klinik bei den Eltern von Kerstin übernachtete, berichteten sie von ihren Kinderplänen. Deren Reaktion war sehr verständnisvoll: *„Na ja, wie wollt Ihr das auch anders machen? Irgendwie muss man das ja machen.“* Corinnas Eltern *„sind total stolz und finden es klasse“* und unterstützen die Frauen sehr. Ihr Sohn ist der jüngste Enkel in beiden Familien. Daher stehen *„die anderen Enkel nicht bei den Großeltern auf dem Regal.“*

### *„Für Väter ist es einfacher mit Lesben, weil sie nach wie vor der einzige Mann im Leben ihrer Tochter sind.“*
Bei meinen Gesprächspartnerinnen unterscheiden sich die Reaktionen der Eltern auf die Familie der Tochter. Vier Frauen sprechen kontinuierlich von dem guten oder weniger guten Verhältnis zu ihren Eltern. Sie machen keine Unterscheidung zwischen ihrer Mutter und ihrem Vater. Die anderen drei Frauen bemerken unterschiedliche Reaktionen der Elternteile.
Corinna ist eine von den drei Frauen, die unterschiedliche Erfahrungen mit ihrem Vater als mit ihrer Mutter gemacht hat. Sie hat Kerstins Vater und ihren eigenen Vater als sehr unkompliziert erlebt. Aus eigener Erfahrung nimmt sie an, dass Väter weniger Schwierigkeiten mit lesbischen Töchtern

haben als Mütter. Immerhin bleibt der Vater weiterhin der einzige Mann im Leben seiner Tochter. *"Es ist für Väter einfacher mit Lesben, weil die nach wie vor die Stellung einnehmen. Sie sind nach wie vor der einzige Mann im Leben ihrer Tochter, so ging das meinem Vater. Der stellt sich dann auch in die direkte Nachfolge, der schickte dann gleich, als Luka auf der Welt war, ein Babybildchen von sich, und meinte, die Ähnlichkeit wäre doch unverkennbar."*

Zahor hat weder zur Mutter noch zum Vater ein gutes Verhältnis, dennoch empfindet sie ihren Vater als ein *"bisschen weicher"* als ihre Mutter.

Von Tanjas Vater kam keine positive Reaktion, als er erfuhr, dass Tanja und Zahor ein Baby erwarten. Er hat diese Schwangerschaft *"ignoriert."* Sie erzählt in diesem Zusammenhang von einer Einladung bei ihren Eltern während Zahors Schwangerschaft. Gäste waren eingeladen und saßen zusammen an einem Tisch. Eine Frau hatte ihren Säugling mitgebracht, der *"rumgereicht"* wurde. Als Tanja das Baby auf dem Arm gehalten hat, wurde ihr gesagt, wie gut ihr das stehen würde. Sie entgegnete darauf, dass sie *"schließlich in fünf Monaten Vater werde."* Sie *"bezeichnet sich als Vater"*, *"weil ich finde, es entspricht der Rolle eines Partners einer Schwangeren mehr."* Die Frau neben ihrem Vater *"hat freundlich gelächelt und dann hat sie meinen Vater erwischt, der neben ihr saß und hat gemeint: Was meint sie? Und mein Vater – kreidebleich, feuerrot immer so im Wechsel – und die sprachen nur englisch, meinte dann so, irgendwie: these two ladies decided to have a baby, so now Zahor is pregnant, I don't know how, but she is pregnant. Sagt er."* Da musste er zugeben, dass er tatsächlich mitgekriegt hat, dass sie ein Kind erwartet.

## 7.5.2 Reaktionen der Geschwister

### *"Der Bruder findet das alles völlig pervers."*

Alle außer Zahor haben Geschwister. Doren Reaktionen waren sehr unterschiedlich. Zum einen erlebten die Frauen zwar sehr positive Reaktionen, zum anderen aber auch sehr negative. Letztere überwiegen deutlich. Die Brüder von drei Frauen haben eher negativ reagiert, eine Schwester und zwei Schwägerinnen haben ebenfalls Schwierigkeiten damit, dass ihre lesbische Schwester/ Schwägerin Mutter geworden ist. Positive Reaktionen und eine Unterstützung ihrer Familienform erlebten zwei Frauen, eine von ihrer Schwester, die andere vom Bruder.

Bis Corinna und Kerstin mit ihrer Kinderplanung anfingen, hatte Corinna mit ihrem Bruder ein gutes Verhältnis. Derweil ist er *"auf der Strecke geblieben, sozusagen, der Onkel."* Als Kerstin als biologische Mutter in Planung war, haben die Frauen Corinnas Bruder gefragt, ob er spenden würde. Alles *"endete in einem absoluten Eklat, weil er erst 'ja' gesagt hat, dann hat*

*ihm seine Freundin ordentlich die Leviten gelesen, und dann hat er 'nein'
gesagt, und dann gipfelte es dahin, dass alle Schwulen sowieso pädophil
sind, das alles völlig anormal ist. Und dann kam das Kind, und er meldete
sich nicht. Hat dann meinem Vater gesagt, mit so einem Alien wollte er keinen Kontakt haben. Er fände das alles völlig pervers, und so ist es immer
noch."*

Jacqueline dagegen weiß, dass ihr Bruder *"voll und ganz hinter mir steht"*
und Jana hat auch überwiegend gute Erfahrungen mit ihren beiden
Schwestern gemacht. Beide leben in der gleichen Kleinstadt wie die Mutter,
sind verheiratet und haben jeweils ein Kind. Beide haben sich *"wahnsinnig
gefreut über ihren zweiten Neffen, den ich ihnen da ins Haus gebracht habe."* Ihre eine Schwester findet ihren Lebensentwurf *"total spannend und
wunderbar"* und versteht sich mit der Partnerin ihrer Schwester sehr gut.
Die andere Schwester dagegen fand Janas *Coming Out* vor Jahren schon
sehr *"befremdlich."*

### 7.5.3 Reaktionen am Arbeitsplatz

Die Reaktionen am Arbeitsplatz hängen davon ab, ob die Frauen sich ge-
outet haben bzw. ob es im KollegInnenkreis bekannt war, dass die Frauen
lesbisch sind und Kinder haben. Zu diesem Thema äußerten sich nur Tanja, Jacqueline und Jule bzw. spielte es bei den anderen keine Rolle, da sie
u.a. noch nicht wieder berufstätig waren.

#### *"Lass sie aufstehen, sie hat den ganzen Tag nichts zu tun."*

Tanja erlebte auf ihrer Arbeit sehr unterschiedliche Reaktionen auf ihre
Mutterschaft. Gleich nach Leons Geburt hat sie ihrem Chef mitgeteilt, dass
sie Mutter geworden ist und hat damit gute Erfahrungen gemacht. Nicht
nachvollziehbar waren für sie einzelne Reaktionen von Arbeitskollegen,
*"wie z.B. solche Sachen, also ich bin von einem Kollegen nicht angemacht
worden aber doch so – es war ihm völlig unverständlich, dass ich nachts
aufstehe: du musst dich abgrenzen, du bist diejenige, die arbeitet. Du
brauchst deinen Schlaf. Lass sie aufstehen, sie hat den ganzen Tag nichts
zu tun. Ist irgendwie lächerlich, aber da wusste ich  genau, wie er es gemacht hat."*

#### *"Ich habe das nie verheimlicht..."*

Jacqueline hat ihr Lesbischsein am Arbeitsplatz nicht verschwiegen und
von ihrer damaligen Partnerin erzählt. *"Ich hab das nie verheimlicht, also
ich hab sie sogar einmal mitgenommen bei so einer Veranstaltung. Also
eigentlich hätte es jeder wissen können, aber ich weiß nicht, was die hinter
meinem Rücken gesagt haben."*

Vor kurzem traf sie zufällig einen ehemaligen Kollegen aus New York. Sie kamen ins Gespräch. Er erzählte von seinen drei Kindern und sie von ihrem Sohn. Jacqueline erwähnte, dass sie damals eine Freundin gehabt hat. Davon wusste er nicht, und *„war dann doch ein paar Sekunden ein bisschen verstört, als ich gesagt habe, dass ich eine Freundin hatte."*

### 7.5.4 Reaktionen der Umgebung

**„Da könnte ja die türkische Familie kommen, wo der Cousin die Cousine ernährt..."**

Tanja arbeitet Vollzeit und kann bei derzeitiger Rechtslage ihr Kind und ihre Partnerin nicht in ihrer Krankenkasse mitversichern, weil die Rechtslage diese Regelung ausschließlich für heterosexuelle Paare vorsieht. Nachdem Leon geboren war, diskutierte sie diesbezüglich mit jemandem von ihrer Krankenkasse. Die Reaktion war folgende: *„Da könnte ja jeder kommen, da könnte ja die türkische Familie kommen, wo der Cousin die Cousine ernährt. Sie müssen miteinander verwandt sein. Sind Sie verheiratet? Meine ich: Nein, geht nicht."* Damit war das Gespräch beendet.

**„Die rechtliche Situation von lesbischen Familien erlebe ich als Diskriminierung."**

Nicht eine meiner Gesprächspartnerinnen benutzt den Begriff *Diskriminierung* im Zusammenhang mit gesammelten Erfahrungen im Umgang mit Familie, FreundInnen, Arbeitsplatz, Nachbarschaft u.a.. Jana empfindet die derzeitige Rechtslage für lesbische Familien als Benachteiligung und Diskriminierung. Es lohnt sich für sie, um mehr Rechte zu kämpfen. *„Deshalb bin ich auch ein Fan von der eingetragenen Partnerschaft. Also, weil ich das wirklich wichtig finde, dass es die rechtliche Absicherung gibt. Und ich finde auch die Argumente der Szene im Sinne von, es müssten ganz andere Lebensformen, man müsste die Möglichkeit haben, sich die Lebensform zu suchen, die man haben will, mit der Absicherung auch. Das ist eine theoretische Überlegung, die finde ich auch sehr wunderbar, ich brauche eine praktische Lösung und die habe ich nicht wirklich."*

**„Ihr wolltet also von dem Mann nur den Schwanz?"**

Jede Gesprächspartnerin musste Erfahrungen sammeln hinsichtlich der Reaktionen von Frauen und Männern, die einer Insemination sehr ablehnend gegenüberstehen. In deren Augen werden Männer benutzt, weil Frauen nicht an ihnen als Person interessiert sind, sondern möglicherweise ausschließlich deren Sperma benötigt wird. Tanja und ihre Partnerin haben einmal mit einem heterosexuellen Paar darüber diskutiert. *„Ihr wolltet also von dem Mann nur den Schwanz? Und ich: Nee, nee hör mal weiter, wir wollten nur das Sperma. Und er ist echt so bleich geworden – und für mehr* interessiert er sich nicht: Ah, so. Total gekränkt in seiner Männerehre, für alle Männer. Musst Du nicht, kein Mensch zwingt Dich, zur Samenbank zu gehen und Dein Sperma zu spenden. Niemand, niemand. Aber es gibt tatsächlich Männer, die das machen und nicht alle machen das nur für Geld. Das kannst Du mir nicht erzählen. Da ist ja schon so ein Kick bei, dass Du weißt, Du zeugst Kinder."

**„Und je mehr Menschen außerhalb von Ehe Kinder kriegen, desto mehr sind wir."**
Alle sieben Gesprächspartnerinnen finden es problemlos, als Lesbe mit Partnerin und Kindern in einer Großstadt zu leben. Sie alle äußerten, dass sie noch keine diskriminierenden Erfahrungen bezüglich ihrer Familienform machen mussten,.

Bisher hat Jule als lesbische Mutter keine Diskriminierungserfahrungen gemacht. Die Menschen in einer Großstadt und insbesondere in ihrem Kiez sind „aufgeschlossener", weil sie ganz unterschiedliche Lebensentwürfe mitbekommen und vermutlich jeder Mensch mindestens einen homosexuellen Menschen kennt. Darüber entwickelt sich mehr Verständnis. Wenn Lesben und Schwule dann auch noch Kinder bekomme, ist das nicht mehr so außergewöhnlich „Und je mehr Menschen sich das überlegen, außerhalb von Ehe Kinder zu kriegen, desto mehr sind wir, desto mehr Macht, denke ich, haben wir denn auch." Sie möchte mit Jana und Jan auf keinen Fall auf einem Dorf oder in einer Kleinstadt wohnen. „Es gibt ja ganze Klassen oder Kindergartengruppen, wo irgendwie eigentlich nur zwei, drei leibliche Elternpaare sind und alle möglichen anderen Lebensentwürfe und das ist ja hier in der Stadt, denke ich, kein Problem."
Auch Tanja findet es in einer Stadt wie Berlin problemlos, als lesbische Frau eine Familie zu gründen und mit Partnerin und Kindern zusammenzuleben. In Berlin „ist es ja kein Thema, etwas so zu leben, sich so zu outen. Hier im Haus haben alle akzeptiert, dass wir als Familie auftreten und bei meiner Arbeit sowieso."


## 7.6  Zur Rollenaufteilung bei zwei Müttern

Eine Rollenaufteilung ist bei Zwei- Mütter- Familien im gesellschaftlichen Kontext nicht vorgegeben, da diese Familienform bisher keinerlei Vorbilder hat, an denen sie sich orientieren kann. Daher hat mich die Frage beschäftigt, wie zwei lesbische Mütter ihren Alltag und dessen Arbeitsteilung organisieren und aufteilen. Stellt es sich für lesbische Mütter als problematisch heraus, da es keine gesellschaftlichen Vorbilder gibt oder ermöglicht dieser Umstand ungeahnte Entwicklungschancen?

Vier von meinen sieben Gesprächspartnerinnen leben in Beziehungen. Beide Paare haben unabhängig voneinander geäußert, dass sie ihre Rollenaufteilung als gleichberechtigt empfinden. Ein Paar als völlig gleichberechtigt, die Co- Mutter des anderen Paares sieht eine Gleichberechtigung in Bezug auf die Rollenaufteilung als nicht realisierbar.

**„Wir haben versucht, es so gleichberechtigt wie möglich zu machen."**
Die beiden Paare empfanden ihre Aufgabenverteilung als ziemlich gleichberechtigt verteilt. Corinna äußert, dass sich die Aufgabenverteilung geändert hat, seitdem die Co- Mutter ausgezogen ist.
Die Aufgabenverteilung mit ihrer Partnerin sieht Zahor *„als völlig gleichberechtigt."* Gründe dafür sieht sie darin, dass Frauen verantwortungsbewusster sind als Männer. *„Aber es ist wirklich so, es ist wirklich im Kopf. Also wirklich die Einstellung der Frau, ganz deutlich. Das ist es, ich habe eine Intuition und sie hat genau die gleiche Intuition."* Bei ihnen gibt es keine *„klassische Aufteilung";* viel eher ist es eben die dringende Notwendigkeit, dass eine von ihnen beiden arbeiten gehen muss, um die Familie ernähren zu können. Eine andere Lösung sieht sie nicht. Von daher gibt es schon *„eine neue Aufteilung, gezwungenermaßen. Tanja geht arbeiten."* Nach einem Jahr hat Zahor wieder angefangen, zu Hause zu arbeiten. Vorteilhaft an ihrer Aufteilung ist, dass sich Tanja durch Gleitzeit ihre Arbeitszeit selber sehr frei einteilen kann. *„Aber sonst ist es schon viel gleichberechtigter, also, was ich so sehe bei anderen, weil das ist schon eine andere Einstellung, also Fraueneinstellung. Sie macht viel mehr mit. Sie bemüht sich, nach Hause zu kommen oder morgens länger zu bleiben und dann geht sie später zu Arbeit."*

Als Corinna und Kerstin noch zusammen wohnten, war die Aufgabenverteilung gleichberechtigt. Nach der Trennung hat es sich allerdings verändert. *„Wir hatten das eigentlich schon relativ gleich aufgeteilt, aber seit sie halt nicht mehr hier lebt, ist es ein bisschen anders geworden. Kerstin kommt montags nach der Arbeit und sittet ihn dann, bis ich spät abends wieder komme. Hat ihn mittwochs auch. Kommt nach der Arbeit und sittet ihn, bis ich wieder komme. Da arbeite ich immer abends. Und hat ihn Samstag den ganzen Nachmittag bis abends. Und den Rest der Zeit hab ich ihn bzw. ist er bei Tom. Er ist nachmittags eigentlich immer bei Tom."*

**„In lesbischen Beziehungen oder homosexuellen Beziehungen kann ich ja dann nicht zu Hause bleiben auf Mutterschaftsgeld."**
Bei Jana und Jule bestehen zu Tanja und Zahor Ähnlichkeiten und Unterschiede in Bezug auf die Aufgabenteilung innerhalb ihrer Beziehung. Jana sieht diese als *„relativ ausgeglichen."* Seit Jahren gibt es ein paar Aufteilungen, die mit dem Kind überhaupt nichts zu tun haben. Mit dem Kind hat Jana nach der Geburt mehr Zeit verbracht. Grund dafür war u.a. die der-

zeitige Rechtslage. *„Jana war ja zuerst zu Hause, weil es geht ja in lesbischen Beziehungen oder homosexuellen Beziehungen kann ich ja dann nicht zu Hause bleiben auf Mutterschaftsgeld."* Dadurch ist eine anfängliche Rollenaufteilung aufgrund der derzeitigen Rechtssprechung unumgänglich, da die Co- Mutter für den Lebensunterhalt aufkommen muss. Ein Frauenpaar hat diesbezüglich keine Wahlmöglichkeiten.

Wenn es sich um das Kind handelt, ist ihre Aufgabenverteilung mittlerweile gleichberechtigt aufgeteilt. *„Aber alle, was das Kind betrifft, das ist wirklich aufgeteilt, also wir machen beide alles, ja."*

**„Was bei uns immer unterschiedlich war, war die nächtliche Betreuung des Säuglings."**
Bei der nächtlichen Betreuung des Säuglings gibt es Gemeinsamkeiten und Unterschiede zwischen den Frauen, die zu dem Zeitpunkt mit einer Partnerin gelebt haben. Bei Zahor und Tanja (das Kind wurde nicht gestillt) hat sich nachts hauptsächlich die Co- Mutter Tanja um das Kind gekümmert. Bei Corinna und ihrer ehemaligen Partnerin Kerstin und auch bei Jana und Jule haben sich fast ausschließlich die biologischen Mütter Corinna und Jana um ihre Kinder gekümmert. Beide Mütter haben die Kleinkinder gestillt.

Von Anfang an hat sich nachts Corinna um Luka gekümmert, mit wenigen Ausnahmen. Sie fand es vollkommen ausreichend, wenn nur sie nachts auf war, da sie ihn gestillt hat. Sie hätte es überflüssig gefunden, wenn Kerstin immer mit aufgestanden wäre. Dafür hat Kerstin Luka morgens genommen, und Corinna konnte noch ein bisschen Schlaf nachholen.

## 7.7 Bindungen zum Kind

Unterscheidet sich die Bindung einer biologischen Mutter und die Bindung einer Co- Mutter zum Kind und umgedreht von Seiten des Kindes zu beiden Müttern? Die Ergebnisse der Interviews lassen vermuten, dass dieses Thema eine weiterführende Fragestellung erfordern würde. In dieser Arbeit kann ich mich leider nicht ausführlicher damit beschäftigen, weil es dazu unumgänglich wäre, sämtliche Bindungstheorien anzuführen. Im Folgenden werde ich mich ausschließlich auf Aussagen meiner Gesprächspartnerinnen beziehen. Daher können im Folgenden nur erste Einblicke gegeben werden.

### 7.7.1 Die Ansicht der Co- Mütter

*„Die leibliche Mutter, da gibt es ja schon dieses Fädchen eben zu dem Kind."*
Unter meinen Gesprächspartnerinnen waren zwei Co- Mütter, die beide in Partnerschaft mit der biologischen Mutter ihrer Kinder leben. Tanja und Jule sind die beiden Co- Mütter, deren Meinung zum Thema Bindungen zum Kind aber sehr unterschiedlich ist.
Für Tanja ist *„nicht viel dran an der biologischen Mutter- Kind- Bindung."* Sie findet, dass Leon *„fixierter"* auf Zahor ist, und eine Begründung dafür sieht sie darin, dass ihre Partnerin mehr Zeit mit Leon verbringt.
Jule war es immer klar, dass ihre Partnerin eine ganz intensive Beziehung zu Jan hat, weil die ihn geboren hat. *„Es war immer so klar, ich weiß, die andere, die hat entbunden. Die leibliche Mutter, da gibt es ja schon dieses Fädchen eben zu dem Kind ne und wenn es irgendwie hart auf hart kommt, war sie auch eigentlich diejenige, die sich gekümmert hat. Vor allen Dingen als er noch kleiner war, noch mal eine intensivere Beziehung zu ihm hatte."* Es geht dabei nicht nur darum, sich relativ gleichberechtigt um alles zu kümmern. Sie ist auch ab und zu mal nachts aufgestanden, trotzdem sieht sie eine andere, engere Beziehung von ihrer Partnerin zum Kind und umgedreht als sie mit dem Kind verbindet. Diesbezüglich ändert sich momentan viel, und Jan bezieht sich vermehrt auf sie. *„Momentan ändert sich das so ein stückweit, dass er sich mehr und mehr eben auch von mir Sachen machen lässt oder bei mir schläft und so."* Sie empfindet die Beziehung mittlerweile als *„super ausgewogen."*

### 7.7.2 Die Ansicht der biologischen Mütter

*„Was ich nicht gedacht hätte ist, dass dieses Stillen so viel ausmacht."*
Corinna hält es nicht für möglich, die Beziehungen des Kindes mit den Müttern oder anderen Bezugspersonen zu vergleichen. Jede Beziehung ist grundsätzlich anders. *„Jede Beziehung, die ich zu ihm habe, ist eine ande-*

re als die Kerstin zu ihm hat, als die, die Tom zu ihm hat, als die, die sonst jemand zu ihm hat. Das mal grundsätzlich. Also es gibt keine gleichen Beziehungen."

Sie spricht über die Beziehung von sich zu ihrem Sohn und die Beziehung der Co- Mutter zu Luka. Corinnas Erfahrungen haben gezeigt, dass sich durch das Stillen ein unglaublich enges und vertrautes Verhältnis zwischen ihr und ihrem Sohn entwickelt hat. Sie hätte das vor der Geburt niemals für möglich gehalten. Für Corinna ist das Stillen der Auslöser dafür gewesen, dass es diese sehr besondere Beziehung zum Kind und umgedreht gibt. Das wäre anders, wenn sie nicht gestillt und beide Frauen alles real aufgeteilt hätten. Kerstin ist die Hauptperson für Jan, allerdings nur solange Corina nicht da ist. *„Das macht schon erst mal einen ziemlichen Unterschied auch in der Beziehung, in der Abhängigkeit und auch in der Intensität. Weil er braucht mich einfach und ich bin die einzige, die ihm das geben kann. Ich hab zwar immer abgepumpt, aber trotz allem ist es so und du fühlst dich auch so. Das bewirkt auch, dass das Kind sich mir gegenüber anders verhält, als wenn Kerstin und ich da sind, freut er sich zwar immer ganz doll, aber ich bin trotzdem die, wo er, wenn irgendwas ist, dann hinrennt. Wenn sie mit ihm allein irgendwo ist, dann ist das anders. Da ist sie die Hauptperson."*

Corinna ist sich ganz sicher, dass sich dieser Umstand im Laufe der Zeit ändern wird. *„Ich denke, dass sich das in den ersten Jahren auch wieder abbaut, aber dass das, wenn du gestillt hast, einfach so ist. Da brauchen wir uns nix vormachen."*

**„Diese neun Monate- ein Vorsprung, der nicht aufzuholen ist."**

Jana empfand die ersten anderthalb Jahre mit ihrem Sohn als sehr anstrengend und zugleich als unglaublich schön. Sie erlebte diese Monate als *„eine symbiotische Beziehung mit dem Kind."* Interessant war für Jana die Erfahrung, dass die biologische Mutter eine solch besondere Stellung zu haben scheint, obwohl es zwei Mütter gibt. *„Die Mutter in dem Sinne ist definitiv."*

Eine Erklärung für die intensivere Bindung zwischen ihr und dem Kind (und umgedreht) als zwischen Jule und dem Kind, begründet Jana mit der Zeit der Schwangerschaft. Damit hatte sie einen unglaublichen *„Vorsprung"* gegenüber ihrer Partnerin. *„Am Anfang merkst du das schon, diese neun Monate, die man das Kind in sich trägt, das ist ein Vorsprung, der ist nicht aufzuholen. Das fand ich sehr interessant, weil ich über Väter noch mal ganz anders nachdenken konnte, aber auch über Mütter. Also, dieses, dass es manchmal so ungleichgewichtig war, fand ich. Also, dass Frauen dann immer so um ihre Kinder rumschwirrten und alles immer besser wussten. Das war nicht ganz so schlimm bei mir (lacht), aber es gab schon Sachen, wo ich auch sehr dominant Mutter war. Und da brauchte meine Freundin* *schon auch eine sehr gefestigte Stellung. Und das hat sie sehr, sehr toll hingekriegt, also das musste sie ja auch und das hat mich überrascht. Ich habe es den Männern immer mehr zugeschoben, auf ihre Schwierigkeiten, die zweite Geige zu spielen. Dann habe ich gemerkt, zwischen diese neun Monate, da kommt niemand anders dazwischen."*

Jana vergleicht ihre Paarbeziehung mit einem heterosexuellen Elternpaar. Die Elternteile, die das Kind nicht geboren haben, müssen sich häufig damit auseinandersetzen, dass die biologische Mutter meint, am besten zu wissen, was gut für das Kind ist. Dieser Umstand erfordert unglaublich großes Verständnis von Seiten der Co- Mütter bzw. der Väter. Janas Partnerin fand damit einen guten Umgang, dass sie manchmal ziemlich dominant wurde. *„Wenn wir uns uneinig waren, und ich mir aber sicher war, so und so will ich das haben, dann habe ich das durchgesetzt. Das hat mit Jule gut funktioniert, weil sie unvoreingenommen auch sehen konnte, dass wir bestimmte besondere Verbindungen miteinander haben, also das Kind und ich. Und das sie einfach wusste, manche Dinge spüre ich eher als sie, ohne sich da drin gleichzeitig in die zweite Reihe, um noch mal das Beispiel zu nehmen, zurückgesetzt zu fühlen. Sie hatte das sehr klar, dieses, was ich vorher nicht so klar hatte, diese einzigartige Mutter- Kind- Bindung, die also wirklich da war, und die hatte mich überrascht, und damit kam Jule aber auch sehr gut zurecht."*

In den ersten Monaten galt Jans Priorität Jana. *„Am Anfang war das schon so, also, als er so ganz klein war, war klar, erst komme ich und wenn ich nicht, denn ist Jule zuständig."* Jan ist inzwischen dreieinhalb Jahre alt und mittlerweile hat es Veränderungen bezüglich der unterschiedlichen Bindungen zu beiden Müttern gegeben: *„Das ist jetzt völlig gleichberechtigt, auch von Jan; also seine Liebe ist deutlich verteilt. Jule ist gleichberechtigt wichtig für ihn."* Jan behandelt beide Frauen sehr viel ähnlicher; je nach seinen Bedürfnissen wendet er sich an die eine oder an die andere. Diese Entwicklung hat für Jana etwas mit seinem Alter zu tun, *„ich würde behaupten, das ist altersgemäß."*

### „...nicht weil ich die biologische Mutter bin."
Zahor hat diesbezüglich eine ganz andere Meinung als Corinna und Jana. Sie hat nicht das Gefühl, dass sie und Leon eine engere Bindung haben als Tanja und Leon. Außenstehende und Tanja erwähnen ihr gegenüber häufig, dass der Sohn ihr näher steht und mehr auf sie reagiert. Sie streitet ab, dass es daran liegen könnte, weil sie die biologische Mutter ist. Für sie liegt es daran, dass Leon mit niemandem sonst soviel Zeit verbringt, wie mit ihr. *„Ich denke, dass ist aus dem Grund, dass ich mehr Zeit mit ihm verbringe, nicht weil ich die biologische Mutter bin. Er kennt mich, er sieht mich mehr, kennt die Stimme, hört die Stimme öfter. Das ist es."*

## 7.8 Zur rechtlichen Benachteiligung lesbischer Familien

Seit der Kindschaftsreform 1998 haben Väter aus nichtehelichen Lebensgemeinschaften die gleichen Rechte und Pflichten wie verheiratete Väter. Für gleichgeschlechtliche Elternpaare gelten diese Regelungen nicht. Insbesondere der Co- Elternteil hat bisher keinerlei rechtliche Möglichkeiten, nach einer Trennung ein Umgangsrecht mit dem Kind zu erhalten, wenn der biologische Elternteil dagegen ist. Ausnahme bildet das seit dem 01.08.2001 geltende Lebenspartnerschaftsgesetz, durch das eine Änderung im Bürgerlichen Gesetzbuch (BGB) vorgenommen wurde. Danach ist ein Umgangsrecht nach einer gescheiterten Lebenspartnerschaft für das soziale Elternteil möglich, wenn es dem Wohl des Kindes dient.

Eine biologische Mutter kann rechtlich keine Unterhaltsansprüche für das Kind bei der Co- Mutter geltend machen. Diese Thematik beschäftigt jede lesbische Mutter unterschiedlich. Vor allem setzen sich lesbische Mütter damit auseinander, die gemeinsam mit einer Partnerin Kinder aufziehen oder mittlerweile getrennt sind.

Corinna, Tanja, Zahor, Jule und Jana sehen einen enormen Bedarf, die Rechtslage für lesbische Mütter, insbesondere für die Co-Mütter, zu verbessern. Die Gleichstellung für homosexuelle Elternpaare mit anderen Familienformen ist notwendig, um u.a. ein gemeinsames Sorgerecht zu regeln. Da in dem Lebenspartnerschaftsgesetz die Kinder weitgehend nicht berücksichtigt werden, ist diese Institution für die meisten Frauen nicht attraktiv. Andrea ist die einzige Gesprächspartnerin, die Regelungen für ein Umgangsrecht für Co- Mütter als nicht wichtig erachtet.

### 7.8.1 Die Rechtslage für Co- Mütter

*„Rechtlich kann sie mir gar nichts."*

Aus eigener Erfahrung ist es Corinna ein Anliegen, die Rechtslage für lesbische Mütter, gleich ob biologische oder soziale, zu verbessern. Diese Familien bewegen sich derzeit in einem fast rechtsfreien Raum und sollten heterosexuellen Familien rechtlich gleichgestellt werden. Eine Co- Mutter hat rechtlich gesehen, *„einfach die Arschkarte."* Nach der Trennung der beiden Frauen zog Kerstin zu ihrer neuen Partnerin. Corinna ging es in den ersten Wochen so schlecht, dass sie Kerstin nicht sehen wollte. *„Ich habe in den ersten acht Wochen, nachdem sie zu ihrer Freundin gezogen ist, gesagt, ich will sie nicht sehen, und ich will auch nicht, dass sie das Kind sieht. Deswegen, weil ich das Kind hatte. Wenn sie das Kind gehabt hätte, wäre es anderes gewesen, weil ich gemerkt habe, ich bin so fertig, und ich heule den ganzen Tag, und das tut dem Kleinen nicht gut, und mir schon gar nicht. Und ich will diese Pause."* In dieser Zeit hat Kerstin unglaubliche

Ängste ausgestanden, dass Corinna ihr möglicherweise den Kontakt zu dem Kind ganz verbieten würde. Wäre das eingetreten, hätte Kerstin rechtlich gar nichts unternehmen können. *„Rechtlich kann sie mir gar nichts."* Die Entscheidung liegt ganz allein in Händen der biologischen Mutter.

## Das sogenannte *Kleine Sorgerecht* durch Vollmachten

Die Co- Mütter Tanja und Jule dürfen unabhängig von ihrer jeweiligen Partnerin keine Entscheidungen bezüglich des Kindes treffen. Daher haben die biologischen Mütter Zahor, Jana und Corinna (die von ihrer Partnerin mittlerweile getrennt ist) den Co- Müttern sogenannte *Vollmachten* ausgestellt. Darin werden die Co- Mütter bevollmächtigt, täglich anfallende Entscheidungen zu treffen.

Corinna beispielsweise spricht von *„Zettelchen."* Sie und Kerstin waren wegen Luka noch nicht bei einer Notarin. Corinna sieht das nicht als Notwendigkeit, da sie diese Vollmachten ständig aktualisieren.

Vordrucke für die Vollmachten haben alle Gesprächspartnerin dem Lesbisch- Schwulen- Babybuch[262] entnommen. Diese Vollmachten gelten offiziell als *Kleines Sorgerecht*. Dieses erhält ein soziales Elternteil mit dem Eingehen einer Lebenspartnerschaft.

### *„Dieses Nicht- Beteiligt- Sein ist ja das Hauptthema."*

Hauptsächlich aufgrund der derzeitigen Rechtslosigkeit einer Co- Mutter befindet Corinna ihre Entscheidung mit der holländischen Klinik am Besten. Mit dieser Lösung können die Frauen Entscheidungen zumindest zu zweit treffen. Corinna stellt es sich schwierig für Kerstin vor, wenn es einen biologischen Vater gäbe, der Kontakt zum Kind haben möchte. *„Dieses Nicht-Beteiligt- Sein ist ja das Hauptthema. Und das ist für Co-Mütter gerade wenn es dann noch so einen realen Hansel gibt, der da seinen Pimmel hingehalten hat, ist es noch schlimmer. Und ich bin froh, dass wir wenigstens diese Holland Lösung gemacht haben und es da nicht noch irgend so einen Mann gibt."*

## 7.8.2 Die rechtliche Benachteiligung der biologischen Mütter

### *„Du kommst dir da richtig wie so eine Bittstellerin vor."*

Corinna und ihre damalige Partnerin haben das Kind vor wenigen Jahren zusammen geplant. Mittlerweile gehen die Frauen getrennte Wege, haben ausschließlich Kontakt über ihren Sohn Luka. Für ihre Situation gibt es bisher keine gesetzlichen Grundlagen. Corinna findet es ungeheurer schwierig, eine Unterhaltszahlung für das Kind zu vereinbaren. Rechtlich steht ihr nämlich kein Unterhalt für Luka von Seiten ihrer ehemaligen Partnerin zu.

---

[262] vgl. Streib, 1996

Sie sieht hier einen zwingend notwendigen Bedarf an rechtlichen Regelungen. *„Du kommst dir da richtig wie so eine Bittstellerin vor, selbst wenn die andere gute Absichten hat, aber du hast eigentlich nicht das Recht, das zu fordern."*

### 7.8.3 Das Elternrecht in der Bundesrepublik

**„Es geht nicht um Samenspende, es geht nicht um lesbische Elternschaft..."**
Das Elternrecht in der Bundesrepublik ist eines der stärksten Rechte überhaupt. In diesem Zusammenhang gibt es ausschließlich die biologischen Eltern, also die biologische Mutter und den biologischen Vater. Diese Konstellation eröffnet bezüglich lesbischer Elternschaft arge Probleme. Beschließen zwei Frauen, gemeinsam Eltern für ein Kind zu sein, und der Spender erklärt sich einverstanden, keinen Anspruch auf „sein" Kind zu erheben, sind solche Erklärungen nicht rechtswirksam. Das heißt, wenn ein Mann seine Meinung bezüglich der Ansprüche gegenüber dem Kind ändert, ist es nach bundesrepublikanischem Recht möglich, ein Umgangsrecht gesetzlich zu erwirken.
Vor Gericht *„hast du keine Chance. Es geht nicht um Samenspende, das geht nicht um lesbische Elternschaft, also da ist eine Mutter, da ist ein Vater und alle haben ein Umgangsrecht. Also ich habe natürlich das Sorgerecht, auch das alleinige Sorgerecht, aber er hat natürlich das Umgangsrecht, sowohl der Vater zum Kind wie auch das Kind zum Vater, und das ist Fakt, egal wie die Umstände sind. Und auch egal, wie gut oder schlecht der Umgang mit dem Kind ist."*

Jana hätte sich nicht gegen den Prozess *„wehren können."* Sie empfand die ganzen Umstände damals als sehr belastend, insbesondere wie ihre Partnerin behandelt bzw. missachtet wurde. Diese wurde überhaupt nicht als „Mutter" ernst genommen, da ihr nicht mal gestattet wurde, an dem Prozess teilzunehmen. Vor Gericht gab es nur eine biologische Mutter und einen biologischen Vater, zwischen denen ein Umgangsrecht verhandelt wurde. *„Das hat mich sehr, sehr belastet, tut es heute noch. Jule blieb da immer außen vor, also die wurde nicht negiert im Sinne von, dass es sie nicht gibt. Sie hat halt keine rechtliche Funktion darin. Das heißt, den Prozess und sämtliche Entscheidungen, das habe offiziell immer ich allein geführt. Das ist natürlich Quatsch, weil wir haben natürlich zu Hause zusammen entschieden, aber sie durfte nicht an der Gerichtssitzung teilnehmen, weil es eine nicht öffentliche Sitzung ist. Und sie ist darin also wirklich Mutter fünfter Klasse so nach dem Motto."* Dieser ganze Prozess hatte ziemlich negative Auswirkungen, *„sowohl für mich, wie auch für meine Frau, wie auch für mein Kind."* Anfangs betrug der Umgang eine Stunde pro Woche und wurde halbstündig gesteigert auf mittlerweile drei Stunden jede Woche. Dem Paar sind *„die Hände gebunden"*, sie können diesen Umgang nicht untersagen. *„Ich müsste auswandern, um das zu verhindern."*

**„Du bist darin natürlich von dieser rechtlichen Lage abhängig."**
*„... Ich würde das nie wieder so machen. Ich würde auf jeden Fall davon abraten, weil das einfach Dimensionen erreichen kann, die du nicht mehr steuern kannst. Also du bist darin natürlich von dieser rechtlichen Lage abhängig."* Jana würde sich bei einem weiteren Kind nicht wieder für ihren Weg entscheiden. Sie würde das heutzutage ablehnen, da es nach der derzeitigen Rechtsprechung vor Gericht ausschließlich eine Mutter und einen Vater gibt. Zwar existiert Lesbische Elternschaft in der Realität, jedoch nicht vor bundes-deutschen Gerichten.

Einen Schritt zurück: zuerst hatten Jana und ihre Partnerin Kontakt mit dem biologischen Vater ihres Kindes. Dieser hat allerdings überhaupt nicht funktioniert, und alle Beteiligten waren gestresst. Die Situation wirkte sich negativ auf ihren Sohn aus. Der Vater gab dem Kind z.B. einen ganz anderen Namen, weil ihm nicht gefiel, wie der Junge heißt. *„Er war damals also unglücklich über den Namen, den wir unserem Kind gegeben haben. Fand den also schlecht und ich habe dann zufällig mitbekommen, dass das Kind bei ihm ganz anders heißt. Und auch sein ganzes Umfeld das Kind nicht unter seinem richtigen Namen kennt."* Die Frauen wollten warten, *„dass das Kind größer ist, um eine eigene Entscheidung darin fällen zu können."* Sie haben den Kontakt zu dem biologischen Vater des Kindes aus lauter *„Hilflosigkeit"* abgebrochen, und hatten *„sofort das Jugendamt am Hals."* Jana hatte die Vaterschaftsurkunde ausgefüllt und *„dann war der Stress komplett da und der biologische Vater hat aus unserem Kind sein Kind gemacht, definitiv."*

## 7 8.4 Das Lebenspartnerschaftsgesetz (LPartG)

**„Das werden wir wegen des leiblichen Vaters machen müssen."**
Wie alle lesbischen Elternpaare sind Jana und Jule von der aktuellen Rechtslage abhängig. Die Co- Mutter Jule kann Jan weder adoptieren, noch besteht die Möglichkeit auf ein Sorgerecht für den Jungen. Jana hat zwar ihrer Partnerin mehrere Vollmachten ausgestellt (u.a. für ÄrztInnen), dennoch überlegt das Paar seit längerem, ob sie ihre Partnerschaft registrieren lassen sollen. Dadurch würde Jule das sogenannte *kleine Sorgerecht* bekommen. Jana meint, dass *„werden wir auch wahrscheinlich wegen des leiblichen Vaters machen müssen."* Im Todesfall von Jana könnte das Kind bei ihrer Partnerin verbleiben, bis entschieden wird, wer das Sorgerecht für Jan bekommen wird. Wäre ihre Partnerschaft nicht registriert, *„dann kann der leibliche Vater sofort das Sorgerecht beantragen oder mei-*

ne Mutter oder wer auch immer und dann kann man das Kind rausnehmen aus seiner vertrauten Umgebung, bis es sich definitiv letztendlich entscheidet. Und das ist ein Unterschied, der ist in unserer Situation total wichtig." Dieser „Superbedrohung" wären die Frauen beispielsweise bei einem holländischen Samenspender nicht ausgeliefert. In dem Fall wäre „jedes Gericht darüber froh und dankbar, dass meine Freundin aufdrücken zu können, weil sie da natürlich ganz anders eine Verantwortung übernimmt und auch schon übernommen hat."

**„Meine einzige Sorge ist, ihn nicht zugesprochen zu kriegen, falls ihr was passiert."**
Wäre die Lebenspartnerschaft mit der Institution Ehe gleichgestellt, würde Jule eher dazu tendieren zu heiraten. Trotzdem überlegen sie und ihre Partnerin seit längerem, ob sie ihre Partnerschaft registrieren lassen. Danach hätte Jule zwar das sogenannte *kleine Sorgerecht*, allerdings ist das schon jetzt über Vollmachten ihrer Partnerin gesichert. Finanziell wäre die Heirat auf jeden Fall ein Nachteil. *„Ich müsste sie versorgen und denn wäre ich diejenige, die denn ewig knechten geht und so. [...] Wir schwanken da noch. Ich find das schon bedrohlich manchmal, wenn ich darüber nachdenke, wenn mal was mit ihr ist oder so."* Jule macht die Vorstellung Angst, dass ein Gericht ihr Jan nicht zusprechen würde, falls Jana einmal etwas zustoßen sollte. *„Ich hätte wahrscheinlich eher die Aussicht, dass ich dann das Kind zugesprochen kriegen würde. Wobei momentan die Rechtslage so ist, dass ich da gute Aussichten hätte, dadurch dass das Kind halt die ganze Zeit bei mir gelebt hat."* Jule bezieht sich auf Aussagen eines Jugendamtsmitarbeiters und einer Rechtsanwältin. Nach deren Auskunft bestünden für Jule gute Chancen, dass ihr das Kind zugesprochen werde. Im *„schlimmsten Fall"* käme das Kind zu einer leiblichen Verwandten von Jana, aber die würde ihr wiederum das Kind geben. Das ist schon geklärt. Wenn der biologische Vater Ansprüche stellen würde, *„das wäre der Horror. Das wäre echt der Horror."*

**„Also, von daher ist es wirklich nicht besonders attraktiv."**
Zahor hat ihrer Partnerin Vollmachten für Leon ausgestellt. Sie haben mindestens zwei Jahre immer wieder über rechtliche Absicherungen gesprochen, falls der biologischen Mutter etwas zustoßen sollte. Eigentlich ist ein gemeinsames Testament in Planung.
Die Möglichkeit einer Eingetragenen Partnerschaft spielt für beide keine Rolle. *„Die Homo- Ehe ist nach außen groß getragen worden, aber das beinhaltet sehr wenig."* Sie brauchen diese Eingetragene Partnerschaft nicht, weil sie keine steuerlichen Begünstigungen für Paare mit Kindern und kein Adoptionsrecht vorsieht. Wäre das vorgesehen, *„dann würde ich auch, glaube ich, problemlos heiraten, aus praktischen Gründen vor allem."*

Zum jetzigen Zeitpunkt spricht nichts dafür, sich eintragen zu lassen. *„Also, von daher ist es wirklich nicht besonders attraktiv."*

**„Wenn sie wirklich einer Familie gleichgestellt wären..."**
Tanja und ihre Partnerin haben eine eheähnliche Vereinbarung getroffen und ein gemeinsames Konto. Bezüglich Leon haben sie anhand eines Bu-ches[263] mehrere Vollmachten geschrieben, *„einmal für die Ärzte, einmal für – im Falle des Todes und so und was auch passiert, wenn einer mal nicht da ist, für ein paar Tage und ich dann halt allein mit ihm bin, wenn ich dann allein mit ihm zusammen verreise. Dass ich halt, dass die Mutter bestätigt, dass ich halt das, dass ich in der Zeit dann das Sorgerecht für das Kind habe. Aber wir haben es nicht notariell machen lassen, weil auch in dem Buch drin steht, dass das gar nicht notwendig ist."*
Wenn Tanja und ihre Partnerin durch eine Eingetragene Partnerschaft das gemeinsame Sorgerecht für ihre Kinder erhalten würden und Steuerver-günstigungen vorgesehen wären bzw. „wenn sie wirklich einer Familie gleichgestellt wären", würden sie wahrscheinlich heiraten. *„Aber so, also nur Pflichten und keine Rechte. Und bezüglich Kinder haben die sich ja su-peraffig."*

---

[263] vgl. Streib,1996

### 7.8.5 Im Trennungsfall

**"Wir wollen dann weiterhin zusammen das Kind betreuen."**
Die Frage, was im Falle einer Trennung passieren könnte, haben ausschließlich vier Frauen thematisiert, weil die anderen drei Gesprächspartnerinnen derzeit nicht in einer Beziehung leben.
Zahor und Tanja sind sich beide ziemlich sicher, dass sie eine Trennung ohne schriftliche Vereinbarungen hinbekommen würden, da sie sich als *"so vernünftig"* einschätzen. Für Tanja ist ganz selbstverständlich, dass sie Unterhalt für Leon zahlen würde.
Jule und Jana haben sich in ihrer langjährigen Beziehung schon häufiger gefragt, *"was machen wir eigentlich, wenn wir uns trennen? Ziehen wir dann auseinander?"* Beide Frauen stellen sich vor, weiterhin das Kind in einer gemeinsamen Wohnung zusammen zu betreuen. *"Auf jeden Fall wollen wir dann weiterhin zusammen das Kind betreuen. Und ich glaub auch, dass das klappt."* Jule ist der festen Überzeugung, dass ihre Partnerin niemals das Kind gegen sie benutzen oder versuchen würde, einen Keil zwischen sie und den Jungen zu treiben.

**"Es gibt keine dritte neutrale Instanz, die berät, unterstützt und Entscheidungen abnimmt."**
Aus eigener Erfahrung hält Corinna eine gesetzliche Grundlage bezüglich Trennungssituationen von lesbischen Elternpaaren für extrem wichtig und sie erachtet eine gesetzliche Grundlage als hilfreich. Damit werden homosexuelle Elternpaare alleine gelassen. *"Was ist mit Unterhalt? Wie ist es mit Scheidung? Was heißt das? Wie organisierst Du das? Und dann muss man das alles alleine machen; es gibt keine dritte neutrale Instanz, die einen da berät, unterstützt und letztendlich auch Entscheidungen abnimmt. Das habe ich als ganz ganz schwer empfunden, empfinde ich immer noch."* Es besteht eine dringende Notwendigkeit, auch lesbischen Paaren beispielsweise die Unterhaltsregelungen über eine *"neutrale Instanz"* zu ermöglichen.


### 7.9   Das Geschlecht des Kindes spielt (k)eine Rolle

Eine meiner Vorannahmen war, dass sich die meisten Lesben ein Mädchen wünschen. Ich habe ausschließlich fünf meiner Gesprächspartnerinnen diesbezüglich befragt, und deren Wünsche haben mich sehr überrascht. Von den fünf Frauen waren es Zahor und Jacqueline gleich, ob sie ein Mädchen oder einen Jungen bekommen, Corinna und Jana sind froh über einen Jungen (bei einem zweiten Kind würden beide einen weiteren Jungen bevorzugen) und Tanja wünscht sich eher eine Tochter.

**„Ich glaube, dass es die Mädchen bei mir schwerer haben als ein Junge."**

Bei Corinna und ihrer Partnerin spielte das Geschlecht des Kindes eine ziemlich große Rolle. Beide wünschten sich ein Mädchen; Kerstin noch mehr als Corinna. Als Corinna den Sohn bekam, waren beide froh, *„dass er ein Junge ist und kein Mädchen. Und beim zweiten möchte ich eigentlich lieber noch mal einen Jungen als ein Mädchen, weil ich glaube, dass es die Mädchen bei mir bzw. bei uns schwerer haben als ein Junge."* Corinna begründet ihre Haltung damit, dass sie sich mit einem Mädchen viel mehr identifizieren würde. *„Die Identifikation mit dem gleichen Geschlecht ist viel dominanter als mit einem gegengeschlechtlichen Kind. Ich habe da viel mehr Distanz und er auch. Ich kann zwar gucken, dass er bestimmte Makkersachen nicht macht, aber das ist nicht so nah. Also ich identifiziere mich nicht so mit ihm und er sich mit mir wahrscheinlich auch nicht so."*

Sie stellt sich Mädchen schwieriger vor, da sie sich viel mehr vom Klischee Mädchen distanzieren müsste. *„Bei einem Mädchen müsste ich viel mehr von dem Stereotyp auch weg, also es ist nicht so sehr normal. Und vor allem denke ich, dass Mädchen auch, aus welchen Gründen auch immer, dann trotzdem irgendwann mal anfangen, Bedürfnisse zu entwickeln nach Röckchen und Spitzchen und dies und jenes. Und da hätte ich mehr Schwierigkeiten damit, als wenn Luka dann in einer Hose kommt, weil die hat er ja sowieso an."* Sie empfindet Jungen einfacher, weil sich lesbische Frauen eher an einem *„...geschlechtsneutralem..."* Rollentyp orientieren. *„Das geht einfach mehr Richtung Äußerlichkeiten oder wie wir umgehen, also mehr Richtung das, was wir von diesem männlichen Geschlechtsrollenstereotyp gewohnt sind."*

**„Einer Tochter könnte man mitgeben, was man selber in der Kindheit hatte."**

Tanja ist das Geschlecht des Kindes nicht so wichtig gewesen, dennoch hatten sie und ihre Partnerin mit einem Mädchen gerechnet. Aber ein Junge war *„auch o.k."*. Jetzt beim zweiten wissen sie noch nicht, was es wird, aber beide Frauen gehen von einem Mädchen aus, *„na klar, eine kleine Schwester."* Dennoch geht sie davon aus, dass durch Insemination die Wahrscheinlichkeit viel größer ist, einen Jungen zur Welt zu bringen. Zudem bereitet es ihr keine Schwierigkeiten, einen Jungen zu erziehen. Leon *„ist ein ganz untypischer Junge, bei all den Schwierigkeiten, die er hat."*

Tanja würde gerne ein Mädchen bekommen und diesem etwas über ihre eigenen Erfahrungen zukommen lassen. *„Einer Tochter könnte man dann so mitgeben, was man selber in der Kindheit hatte. Ich war immer gerne Mädchen und ein starkes Mädchen. Ich glaube, ich hätte Schwierigkeiten, wenn mein Mädchen so ein typisches Mädchen würde, mit Barbiepuppenkleidung und ähnlichem. Aber ich geh ja davon aus, dass mein Mädchen das nicht will."*

*"Hat beides seine Vor- und Nachteile. [...] Aber alles geht ja nun nicht."*

Vor der Geburt dachte Jacqueline darüber nach, was sie gerne bekommen würde. *"Und ich habe mir schon so ein bisschen überlegt, was will ich denn? Hat beides seine Vor- und Nachteile. (Pause) „Ich finde Jungen viel süßer, bis sie 6 oder 8 sind, und wenn sie denn groß sind, hätte ich vielleicht lieber ein Mädchen, aber (lacht), alles geht ja nun nicht. Nein, das war o.k."*

Nach ihren Informationen ging sie davon aus, dass es über Insemination wahrscheinlicher ist, einen Jungen zu bekommen. Sie war *"dann nicht überrascht, und das war irgendwie dann halt klar",* dass es ein Junge war.


## 7.10  Die Beziehung zur Partnerin nach der Geburt des Kindes

Es wird davon ausgegangen, dass in den ersten Lebensjahren des Kindes heterosexuelle Elternpaare häufig in Krisen geraten, da sich Schwierigkeiten mit ihrer neuen Familienkonstellation ergeben. Daher gab es meinerseits ein Interesse, wie sich die Beziehung zwischen den Partnerinnen nach der Geburt des Kindes entwickelt hat.

Da ausschließlich fünf meiner Gesprächspartnerinnen z.Z. der Schwangerschaft mit der Partnerin zusammen gelebt haben, mit der sie das Kind gemeinsam geplant haben, erzählten nur jene Frauen von ihrer Beziehung zur Partnerin nach der Geburt.

Das Paar Zahor und Tanja und das Paar Jana und Jule waren der Meinung, dass die Beziehung zur Partnerin durch das Kind intensiver geworden ist. Corinnas Partnerin hat sich während ihrer Schwangerschaft auf eine Beziehung mit einer anderen Frau eingelassen, und das führte zu großen Schwierigkeiten zwischen Corinna und Kerstin.


*"Diese Verantwortung und Entscheidung hat bei ihr kalte Füße ausgelöst."*

Corinnas Beziehung zu ihrer Partnerin hat sich sehr zum Negativen entwickelt, *"weil Kerstin, als ich im achten Monat schwanger war, mit dieser anderen Frau ankam. Das hat eigentlich alles geprägt. Insofern kann ich das gar nicht so richtig sagen."* Dadurch geriet die Beziehung von Corinna und Kerstin in eine tiefe Krise. Corinna erklärt sich Kerstins Ausbruch aus ihrer Beziehung, indem sie bei dieser Parallelen mit einem werdenden Vater zieht: *"Ich denke diese Verantwortung und Entscheidung dafür bei ihr hat ganz viel kalte Füße ausgelöst. Dass es eher so ist, wie das klassisch auch bei den Männern ist. Hätte ich auch nicht gedacht, aber ist genau so. Und dass sie jetzt noch mal meinte, sie müsste jetzt leben und ich wollte sie festhalten oder weiß ich was, jetzt einen auf Kleinfamilie machen."*

Plötzlich waren beide Frauen *„in so zwei Rollen"*, die für Corinna gar nicht stimmten. Dennoch hatte sie *„nun mal das Kind im Bauch und Kerstin nicht."* Die biologische Mutter ist *„viel mehr in der Verantwortung"*, während die *„andere die Wahl hat, so sehr sich die andere das dann auch sagt, dass sie das so will und dass sie das* so *entscheidet. Vielleicht nicht moralisch, aber praktisch kann sie jederzeit sagen, ich geh. Ich kann nicht sagen, okay, ich schnall den Bauch ab und das war es jetzt. Und das verändert was und das hat bei uns eine ganz ungute Dynamik ausgelöst."* Durch die Aufteilung in biologische und soziale Mutter ist innerhalb ihrer Beziehung eine ungute Dynamik entstanden. Dementsprechend sind die ersten sechs Monate nach der Geburt *„auch nicht so schön"* verlaufen.

### *„Ich sehe keinen Unterschied."*

Zahor empfindet ihren Sohn auf jeden Fall *„als eine Bereicherung."* Ihre Beziehung zu ihrer Partnerin hat sich nicht verändert. *„Ich sehe keinen Unterschied"* außer, dass sie beide jetzt in *„Familienrollen"* sind. Zahor beschreibt ihre Beziehung zu Tanja als sehr stabil. Das fand sie aber auch vor der Geburt des Kindes.

*„Rein objektiv gibt es natürlich weniger Zeit"*, dennoch achten beide darauf *„dass wir viel mit unseren getrennten Freunden machen."* Mit dem Kind müssen sich beide besser absprechen, wann eine etwas unternehmen möchte, damit die andere zu Hause ist, *„aber wir bemühen uns sehr."*

### *„Wir empfinden uns viel stärker als Paar und als Familie."*

Laut Tanja hat es diverse Veränderungen mit sich gebracht, mit ihrer Partnerin ein Elternpaar mit Kind zu sein. *„Es ist einfach nicht mehr wie vorher. Das ist klar. Aber es hat dafür eine ganz andere Dimension bekommen."* Sie haben jetzt weniger Zeit für sich, dennoch gehen sie ab und zu miteinander aus oder verbringen ihre Abende gemeinsam, wenn das Kind schläft. Die Beziehung zueinander hat sich durch ihr Kind auf jeden Fall intensiviert. *„Wir sind durch Leon sehr viel intensiver zusammen gekommen und haben einfach auch gesehen, dass wir – es war ja wirklich kein leichtes Jahr – dass wir da einfach ziemlich viel aneinander haben, dass wir uns viel stärker auch als Paar und als Familie empfinden."* Leon geht mittlerweile zu einer Tagesmutter, *„jetzt klappt es noch besser."*

Hinzu kommt, dass Tanja und Zahor kurz nach der Geburt mit der Planung für das zweite Kind angefangen haben. *„Wir haben uns ja relativ schnell in das zweite Kindprojekt gestürzt und da ist wahnsinnig viel Organisation und Kraft und Nerven rein gegangen. Was wir auch gemerkt haben, dass es wirklich klappt und das bestätigt noch mal unser Konzept, von lesbischer Beziehung und dass es wirklich gleichberechtigter ist, als alles, was meine Heterokollegen jetzt so auf der Arbeit erzählen."* Tanja ist im sechsten Monat schwanger und gespannt, wie sich alles mit ihrer Partnerin und zwei Kindern entwickeln wird. Es gab schon Diskussionen, welche von ihnen das dritte Kind bekommt. *„Na mal sehen, das diskutieren wir dann noch aus."*

**„Wir müssen uns da irgendwie Raum schaffen."**
Das Kind hat das bisherige Leben von Jule und ihrer Partnerin ganz schön verändert. Vor der Geburt des Kindes gab es für sie die Lebensbereiche Arbeit, Freundinnen, ihre Beziehung zu Jana und eigene Interessen. Der Bereich, `Mutter zu sein` gefällt ihr, obwohl *„ man ja 24 Stunden zuständig ist als Mutter."* Sie findet es schwierig, sich mal nicht als Mutter zu sehen, sondern mal als Teil eines Paares. Jule vermutet diese Schwierigkeit bei allen Eltern. *„Ich den, das ist ein Problem, was alle Eltern haben. Aus dieser Elternrolle dann mal so  rauszutreten und zu sagen, ja und heute sind wir jetzt mal nur Paar."*  Sie wünscht sich gemeinsame Unternehmungen alleine mit ihrer Partnerin. Wenn das mal klappt, genießen sie das beide sehr. *„Und in unserer Beziehung, wir merken da jetzt gerade im Moment, dass wir da auch ein großes Bedürfnis nach haben und uns da irgendwie Raum schaffen müssen."*  Beide Frauen wissen, dass sie da *„unbedingt etwas unternehmen müssen."* Als Jana vor ein paar Jahren von ihrem Kinderwunsch erzählte, war Jules *„größter Horror, dass wir versetzt arbeiten und uns eigentlich überhaupt nicht mehr sehen. Das fand ich schon ziemlich schlimm."*
Von Vorteil ist sicherlich, dass sie schon dreizehn Jahre zusammen sind. *„Alltägliche Probleme"* können häufig ziemlich schnell aus der Welt geschafft werden, da *„viele Sachen so klar sind."* Das Sexualleben der beiden leidet sehr, *„weil abends ist man denn froh, wenn man mal sitzt (lacht) oder so."*
Mittlerweile geht Jan tagsüber in den Kinderladen; währenddessen genießt Jule die freie Zeit mit ihrer Partnerin, soweit dies deren Alltag zulässt, *„wenigstens irgendwie mehrere Stunden am Tag dann mal für uns zu haben."*

## 7.11 Lesbische Mutterschaft

Jede lesbische Mutter wird *Lesbische Mutterschaft* etwas anders definieren. Meine Gesprächspartnerinnen schildern, was sie unter *Lesbischer Mutterschaft bzw. Elternschaft* verstehen bzw. was die Besonderheiten ihrer und/ oder generell von Elternschaft ausmacht. Zudem sprechen die Frauen über verschiedene Lebensentwürfe lesbischer Mütter.
Die Meinungen gehen dabei teilweise ziemlich auseinander. Lesbische Elternschaft bedeutet für Tanja in jedem Fall eine sehr bewusste Entscheidung zu Kindern. Für Jana sollte Elternschaft per se etwas Geplantes sein. Die meisten Lebensentwürfe meiner Gesprächspartnerinnen ähneln sich. Die meisten Unterschiede tauchen bei Andrea im Gegensatz zu den ande-

ren Frauen auf. Für Andrea gibt es ausschließlich eine Mutter für ihre Kinder, ein zweites Elternteil kann niemals Priorität haben.


### 7.11.1 Lesbische Elternschaft

**„Es ist halt kein Zufall, wenn man Kinder kriegt. Es ist schon sehr entschieden, sehr bewusst und zwar lange entschieden."**

Für Tanja ist lesbische Elternschaft *„eine bewusstere Elternschaft."* Sie ist davon überzeugt, dass es den Kindern zugute kommt und sie kein *„Experiment"* sind. Die Elternschaft als solche *„ist kein Zufall. Es ist so, was vielleicht noch mal dazu kommt, es ist halt kein Zufall, wenn man Kinder kriegt. Es ist schon sehr entschieden, sehr bewusst und zwar lange entschieden. Man kann nicht sagen, dass du halt aufwächst und denkst: Och ja, ich könnte mal ein Kind kriegen. Sondern es sind wirklich Jahre."*


**„Elternschaft sollte geplant sein. Da habe ich einen hohen Anspruch."**

Janas Anspruch ist auf jeden Fall, dass *„Elternschaft geplant sein sollte. Da habe ich einen hohen Anspruch."* Als Lesbe Mutter zu werden, erfordert *„dieses bewusst schwanger werden."* In der lesbischen Szene hat sie sehr unterschiedliche Reaktionen erlebt. *„Du musst dich natürlich als Lesbe ganz anders entscheiden für ein Kind, das ist ja auch in unserer Szene, ganz weitläufig Szene- Begriff gefasst, ist es ja nicht wirklich üblich. Angefangen von Überraschung, Verwunderung, Irritation bis hin zur Ablehnung kann dir ja alles passieren."* Jana und ihre Partnerin haben ihre Absicht, ein Kind zu bekommen, *„relativ früh in unserem Freundinnenkreis angefangen zu thematisieren, und sind da auch immer sehr offen miteinander umgegangen."*


**„...sozusagen Mutter..."**

Manchmal hat sie Schwierigkeiten mit der Wortwahl *Mutter*[264], wenn sie jemandem von ihrem Kind erzählt: es kommt vor, dass sie sagt: *sozusagen Mutter, weil ich dann nicht weiß, mit dem Begriff `Mutter` kann man ja im außer-lesbischen Raum kaum jemandem kommen."* Als Leon geboren wurde, *„bin ich zu meinem Chef gegangen und hab ihm erzählt, ich bin Mutter geworden."*

Ihre Partnerin und der Sohn waren nach der Kaiser- Geburt in verschiedene Krankenhäuser gekommen. Als sie ein paar Stunden später beim Krankenhaus- Personal nachfragte, ob sie ihren Sohn sehen könnte, wurde ihr Erstaunen entgegengebracht. *„Und bin da rein gestürzt und meinte: Ich bin die Mutter von dem Kleinen. Da guckten die mich an und fragten: hatten Sie nicht einen Kaiserschnitt? Und ich: Ich bin die andere Mutter. Ach so.*

---

[264] Mit kursiver Schrift möchte ich Begriffe hervorheben.

Also, ob sie das dann sofort verstanden haben, weiß ich nicht. Aber ich bin dann immer so aufgetreten."

## 7.11.2 Lebensentwürfe lesbischer Mütter und Co- Mütter

**„Ich bestehe schon drauf, dass ich meine eigenen drei Kinder habe."**
Aus eigener Erfahrung weiß Andrea, *„wie schnell Beziehungen auseinandergehen und wie kompliziert viele Frauen sind. Ich will schon drei Kinder für mich, weil ich nicht weiß, wie lange hält eine Beziehung mit der anderen, die jetzt meinetwegen auch zwei Kinder hat, dann hätten wir ja drei. Aber, nein, da bestehe ich schon drauf, dass ich meine eigenen drei Kinder habe."*
Von einer Partnerin erwartet sie, dass sich diese nicht in ihre Kindererziehung einmischt. Für sie ist klar, dass *„ich die Hauptperson bin auf jeden Fall. Ich bin die Mutter."* Umgedreht würde sie ihre Partnerin *„Mutter sein lassen wollen."* Andrea kann sich nicht vorstellen, dass es zwei gleichbedeutend wichtige Mütter für Kinder gibt. *„Es wird immer nur eine Mutter geben. Das ist auf jeden Fall mein Standpunkt. Die sollen zu der einen Mama sagen und zu der andern werden sie Sandra sagen oder wie die auch immer heißt. Da werden sie nichts anderes sagen. Und die werden auch der Mama nachweinen, denn die Mama ist Mittelpunkt. Das ist bei einer normalen Heterobeziehung, die Mama ist die Mama. Und dann gibt's da noch eine zweite Person. Ob die dann- wie die heißt, ist egal. Ob die Papa heißt oder, weiß ich, Sybille. Also, das denk ich schon, das ist ja auch meine Erziehung."*
Missfällt einer Frau ihre Kinderplanung mit Heiner (dem biologischen Vater ihrer Tochter), kann sie sich diese nicht als Partnerin vorstellen. In diesen Lebensentwurf lässt sie sich „nicht reinreden." Eine zweite Schwangerschaft ist aktuell in Planung. *„Das zweite kommt auf jeden Fall. Aber wenn ich dann eine Partnerin finde, die auch vielleicht noch mal zwei Kinder hat und das überfordert uns, da würde ich dann auch vielleicht sagen, ich verzichte auf das dritte."*

**„Eigentlich alleinerziehend, uneigentlich in eine Patchwork- Familie eingebunden."**
Mittlerweile lebt Corinna alleine mit ihrem Sohn. Dieser geht fast täglich zu einem schwulen Tagesvater, der zwei eigene Kinder hat. Der Tagesvater hat sich in den letzten Monaten zu einer wichtigen Bezugsperson für Luka entwickelt. Corinna beschreibt ihre Familienform mit den Worten: *„Ich plane noch ein zweites Kind, obwohl ich weiß, ich bin eigentlich alleinerziehend, aber uneigentlich in eine Patchwork- Familie eingebunden."*
Da sie in den letzten Jahren einen enormen Zuwachs an Kindern in lesbischen und schwulen Familien beobachtet hat und die Anzahl der Kinder weiterhin zunimmt, war das für sie eine gute Voraussetzung, selber ein

Kind zu bekommen. *„O.K., in so eine Welt gebe ich das Kind rein. Und ich weiß, dass es sich dann entwickeln wird."* Diese Kinder sind mittlerweile *„keine Außenseiter mehr."*

### *„Ich will nicht so egoistisch sein, nur mein eigenes Kind in die Welt setzen."*

Jacqueline hat für sich den Kompromiss geschlossen, ein Kind zu bekommen und ein Kind in Pflege zu nehmen. Sie will „nicht so egoistisch sein und nur mein eigenes Kind in die Welt setzen, wo es doch so viele Kinder gibt, die Eltern bräuchten."

In den USA hat sie mit dem Prozess für ein Pflegekind schon begonnen. Durch eine gesetzliche Änderung zog sich ihr Antrag in die Länge. *„Und im Nachhinein bin ich auch ganz froh, weil das wahrscheinlich gar nicht mehr geklappt hätte, das wäre ein Jahr vor meinem Umzug gewesen."* In New York gibt es die Möglichkeit, dass manche Pflegekinder nach gewisser Zeit adoptiert[265] werden können. *„Dann hast du halt die Möglichkeit zu sehen, wie das läuft, weil man möchte ja auch nicht so ein Kind zurückgeben wie so ne kaputte Stereoanlage oder so, das möchte ich nicht. Aber so hast Du halt wirklich die Möglichkeit, das auszutesten, weil die sind natürlich schwieriger; die haben ja ganz viele Sachen hinter sich, und wer weiß was, und andererseits hab ich die Verantwortung dem Nathan gegenüber, ich will ja auch nicht auf einmal ein Kind haben, bei dem meine ganze Energie draufgeht und wo unser ganzes Familienleben zusammenbricht, und er dann auch schlecht dran ist."* Erst einmal möchte Jacqueline hier ankommen und sich selbständig machen. Eine größere Wohnung braucht sie für sich und zwei Kinder. Daher plant sie die Aufnahme eines Pflegekindes erst für das kommende Jahr.

### *„Vater- Mutter- Kind, das ist ja eigentlich sowieso total veraltet."*

Jule ist der Meinung, dass *„dieses Konzept mit Vater- Mutter- Kind ja eigentlich sowieso total veraltet ist."* Gerade in Berlin gibt es diverse unterschiedliche Lebens- und Familienformen neben der üblichen heterosexuellen Kleinfamilie. Sie ärgert sich darüber, dass es Lesben mit Kinderwunsch so schwer gemacht wird, ihren Wunsch umzusetzen. JedeR andere kann theoretisch Kinder in die Welt setzen. *„Ich habe mich so geärgert, dass wirklich Hinz und Kunz, wirklich die fertigsten Leute können irgendwie Kinder in die Welt setzen und unsereins, der sich auch mal einen Kopf gemacht hat, der kann sich da abstrampeln."* Viele Menschen bekommen Kinder *„und die leben unter den furchtbarsten Bedingungen und unsereins, ich meine, wenn du dich gut fühlst und ein schönes Leben hast, denn hast*

---

[265] In der Bundesrepublik bietet sich die Option einer Adoption bisher ausschließlich für Einzelpersonen oder für verheiratete Paare.

du ja auch einfach ganz viel zu geben, einem Kind, und warum sollst du das nicht dürfen?"

**„Ich würde das nie wieder so machen."**
Die meisten Gesprächspartnerinnen (fünf) hatten zu Beginn ihrer Planung den Wunsch, einen Kontakt zwischen dem Kind und dem biologischen Vater aufzubauen. Jana und ihre Partnerin wollten allerdings *„keine gleichberechtigten Eltern sein wollen mit einem Mann."* Der biologische Vater hat sich damals auf die Vorstellungen der Frauen eingelassen. Mittlerweile sind die Frauen mit dem Mann zerstritten und er hat gerichtlich ein Umgangsrecht mit dem Kind eingeklagt.
Aufgrund ihrer schlechten Erfahrungen würden sie *„anderen Lesben raten, sich den Menschen, den sie sich als Erzeuger ihrer Kinder suchen, sich den ganz genau anzusehen. Ich würde da niemanden nehmen, den man jetzt wenig kennt."* Mittlerweile rät sie anderen Lesben mit Kinderwunsch, nach Holland zu fahren und möglicherweise einen *Yes- Donor* zu wählen. *„Es sei denn, man hat wirklich jemanden, einen langjährigen Freund oder Familie oder wie auch immer. Den man kennt, gut kennt."* Heutzutage würde Jana *„nur noch nach Holland fahren, definitiv."*

# 8 Diskussion der Ergebnisse

Zu Beginn dieses Kapitels möchte ich mein weiteres Vorgehen kurz erläutern. Der Übersicht halber wird jede meiner sechs Hauptthesen wiederholt, um mit deren Hilfe zu diskutieren, an welchen Themen Überschneidungen und an welchen Abweichungen zwischen Theorie und Empirie bestehen. Im Folgenden werden Vergleiche und Abweichungen zwischen vorhandener Literatur und den Aussagen der Gesprächspartnerinnen bezüglich jeder Hypothese vorgenommen. Damit werden u.a. Themen benannt, die bisher noch nicht in der Literatur behandelt worden sind.

## 8.1 Lesbische Kinderplanung erfordert viel Zeit- Die Planung vom Kinderwunsch zum Wunschkind

1. Hypothese:
Die Planung eines eigenen Kindes bedarf für eine lesbische Frau oder ein lesbisches Paar einen Zeitraum von mehreren Jahren. Es müssen diverse Entscheidungen getroffen werden, auf welchem Weg eine lesbische Frau schwanger werden kann. Möglicherweise erfordert die Situation viele Inseminationsversuche. Eventuell sind die Frauen einem enormen psychischen Druck ausgesetzt.

### 8.1.1 Auf welchem Weg eine Lesbe schwanger werden kann- potenzieller Samenspender oder Vaterrolle?

Eine Vorannahme war, dass die Kinderplanung lesbischer Frauen einen Prozess von mehreren Jahren bedeuten kann. Diese Vermutung hat sich in der Literatur und durch die Arbeit mit den Interviews weitestgehend bestätigt, da die meisten meiner Gesprächspartnerinnen mehrere Jahre benötigt haben, um schwanger zu werden. Lesbische Frauen haben mehrere Faktoren bei ihrer Planung zu berücksichtigen, die Zeit und Geduld erfordern. Sie müssen sich überlegen, auf welchem Weg sie schwanger werden können und welche Möglichkeit sich umsetzen lässt. Damit im Zusammenhang steht die Frage nach der Stellung des potenziellen Vaters. Soll dieser anonym oder bekannt sein? Insemination über eine Samenbank oder von einem bekannten Mann? Entweder möchten die Frauen einen ihnen bekannten Mann, damit sie den Kindern den biologischen Vater zeigen können, oder sie haben die Vorstellung, dass dieser eine aktive Rolle im Leben der Kinder spielen soll. Bei beiden genannten Möglichkeiten ist die Rechtslage so, dass einem biologischen Vater gesetzlich ein Umgangsrecht mit seinen Kindern zusteht. Um das auszuschließen, wählen einige Lesben einen anonymen Samenspender für ihre Kinder. Eine Gesprächs-

partnerin empfindet es als enormen Vorteil, dass sie unabhängig vom biologischen Vater ihres Kindes ist.

Lesben mit Kinderwunsch haben unterschiedliche Wünsche bezüglich des
biologischen Vaters ihrer Kinder. In der Literatur wie bei meinen Gesprächspartnerinnen sind die Vorstellungen diesbezüglich sehr ähnlich. In
den USA bevorzugen beispielsweise 80% der Lesben einen Yes- Spender,
damit ihre Kinder mit dem 16. Lebensjahr ihren biologischen Vater kennen
lernen können.[266] Ich kann mit sieben Interviews nicht auf die Allgemeinheit
lesbischer Frauen mit Kinderwunsch schließen, dennoch war es fast allen
Gesprächspartnerinnen enorm wichtig, ihren Kindern die Möglichkeit zu
geben, ihren biologischen Vater mit 16 Jahren treffen zu können. Folglich
decken sich in diesem Aspekt die Aussagen der Literatur mit den Aussagen der Gesprächspartnerinnen.

In den Quellen habe ich keine Angaben darüber gefunden, auf welchem
Weg sich die meisten in Deutschland lebenden Lesben ihren Kinderwunsch
erfüllen. Für die meisten meiner Gesprächspartnerinnen war es unvorstellbar, dass der biologische Vater die Rolle eines dritten Elternteils bzw. eine
gleichberechtigte Rolle neben den beiden Müttern einnehmen würde. Eine
männliche Bezugsperson war Wunsch der meisten Gesprächspartnerinnen. Ausschließlich eine Frau lebte ein Modell, in dem sie mit einem Mann
mehrere Kinder über Insemination plant und der Vater eine aktive Vaterrolle als zweites Elternteil spielte.

## 8.1.2 Inseminationsmöglichkeiten

Lesbischen Frauen ist jede Form der Insemination (mit Ausnahme der
Selbstinsemination ohne Drittbeteiligung) in der Bundesrepublik untersagt.
Daher bleibt ihnen meist nur die Möglichkeit, Kliniken in Holland, USA o.ä.
zu nutzen oder (illegal) über eine private Samenspende schwanger zu
werden.[267]
Somit ist es nicht überraschend, dass fast alle Frauen (fünf), die ich interviewt habe, zu einer Insemination entweder in einer (ausländischen) Klinik
waren oder sich das Sperma von dort zuschicken ließen.

In der Literatur werden Vor- und Nachteile für eine Insemination in einer
Klinik und für eine Insemination, die privat organisiert wird, genannt. Meine
Gesprächspartnerinnen haben dagegen fast ausnahmslos die Vorteile einer Klinik angesprochen. Mehrere Quellen sehen den Vorteil einer Klinik
darin, dass den Frauen die Suche nach einem Spender erspart bleibt und

---

[266] vgl. Streib, 1996, S. 21
[267] vgl. Streib, 1996, S. 14ff.

der Spender seine Vaterschaft nicht einklagen kann. Diesen Vorteil beton-
ten ebenfalls mehrere Interviewpartnerinnen.

Ein anderer Grund für eine Klinikentscheidung lag darin, dass die Suche
nach einem potenziellen Samenspender erfolglos blieb. Oftmals konnten
sich die Männer (oder deren Frauen) nicht auf die Bedingungen der Frauen
einlassen, sozusagen ihre Vaterrechte an den Kindern den Frauen zu
überlassen. Einer Gesprächspartnerin war die Unabhängigkeit von einem
Mann extrem wichtig.

### 8.1.3 Inseminationsversuche und die Chancen einer Schwangerschaft

In der Literatur existieren meines Wissens keine Angaben dazu, wie lange
es dauert, bis eine privat arrangierte Insemination erfolgreich ist. Es wird
davon ausgegangen, dass Frauen nach etwa 6 Monatszyklen schwanger
werden.[268] Die Chancen einer Schwangerschaft werden höher einge-
schätzt als bei den alternativen Möglichkeiten. Die Frauen können beispielsweise durch Einnahme von Hormonen die Wahrscheinlichkeit einer
Schwangerschaft erhöhen. Allerdings bestehen dabei Gesundheitsrisiken
für die Frauen.

Nach Aussagen meiner Gesprächspartnerinnen gibt es sehr unterschiedliche Erfahrungen mit den Kliniken bzw. Praxen, in denen die Insemination
durchgeführt wurde. Die Anzahl der Inseminationsversuche ist sehr unterschiedlich. Sechs von sieben Gesprächspartnerinnen waren mindestens
einmal selbst schwanger; bei den meisten von ihnen waren etwa zehn Inseminationsversuche notwendig. Fast alle Frauen waren in einer Klinik
bzw. haben sich das Sperma zuschicken lassen. Eine Frau ist tatsächlich
nach dem ersten Versuch schwanger geworden; sie hat allerdings zur Unterstützung Hormone eingenommen. Bei einer weiteren Frau klappte es
nach drei Versuchen. Bei allen anderen Frauen waren mehr als zehn Versuche in einer Klinik notwendig.

Die Nachteile von Kliniken sind mehrfach in der Literatur genannt. Es haben sich Frauen darüber beklagt, dass sie behandelt wurden, als litten sie
an einer Krankheit. Zudem herrscht in einzelnen Kliniken ein regelrechter
„Inseminationstourismus". Die Frauen kritisierten teilweise den Umgang der
Kliniken mit ihren Patientinnen.

Meine Gesprächspartnerinnen haben keine negativen Erfahrungen in der
Klinik ihrer Wahl gemacht bzw. haben sie keine erwähnt.

---

[268] vgl. Lehmann, 1999, S. 49

### 8.1.4 Psychische Belastung während der Inseminationsversuche

In der Literatur wird häufig die psychische Belastung für die lesbischen Frauen erwähnt, wenn die Versuche erfolglos bleiben. Es wird empfohlen, nach etwa einem Jahr eine ärztliche Untersuchung durchführen zu lassen und eventuell eine andere Möglichkeit auszuprobieren als die bisherige. Zudem wird den Frauen geraten, zwischenzeitlich zu pausieren. Ein paar Gesprächspartnerinnen thematisierten eher nebenbei, dass die Inseminationsversuche als sehr belastend erlebt wurden. Eine Gesprächspartnerin war nach einem Jahr Probieren noch immer nicht schwanger. Daraufhin versuchte es ihre Partnerin. Alle Gesprächspartnerinnen, die etwa zehnmal in einer Klinik waren, setzten zwischendrin aus.

Die Gesprächspartnerinnen haben die Zeit der erfolglosen Inseminationsversuche kaum thematisiert. Möglicherweise wurden ihre Erinnerungen daran verdrängt, da sich der Wunsch nach einem oder mehreren Kindern erfüllt hat.


## 8.2  Reaktionen der Umwelt auf lesbische Familien

2. Hypothese:
Die Reaktionen der Umwelt auf ihre Familienform sind sehr unterschiedlich. Teilweise werden die Frauen vermutlich diskriminiert.

Die Reaktionen der Umwelt von Seiten der Herkunftsfamilie(n), der schwullesbischen Community, am Arbeitsplatz, im Kindergarten und in der Schule u.a. sind laut der Quellen und meiner Gesprächspartnerinnen sehr unterschiedlich.
Im Folgenden wird die Literatur mit den Aussagen der Gesprächspartnerinnen verglichen. Gemeinsamkeiten und Unterschiede werden aufgezeigt. Zu Beginn stehen die Reaktionen der einzelnen Mitglieder der Herkunftsfamilien. Danach beschäftige ich mich mit den Reaktionen am Arbeitsplatz, gefolgt von den Reaktionen des nahen Umfeldes, den Kindergärten und Schulen und zuletzt setze ich mich mit den Reaktionen der FreundInnen auseinander.
An dieser Stelle ist es wichtig zu benennen, dass meine Gesprächspartnerinnen alle in einer Großstadt leben. Die Erfahrungen von lesbischen Müttern, die in Kleinstädten oder auf dem Land wohnen, wären sicherlich andere.

### 8.2.1 Reaktionen der Herkunftsfamilie(n)

**Reaktionen der Eltern**

Die Reaktionen der Eltern sind in der Literatur ähnlich wie bei meinen Gesprächspartnerinnen sehr unterschiedlich. Bei beiden werden Eltern genannt, die schon mit dem Coming- Out der Tochter arge Schwierigkeiten hatten. Die Tatsache, dass die Tochter Kinder mit einer Frau gemeinsam aufzieht, ändert nicht zwangsläufig etwas an dem schwierigen Verhältnis von Eltern und Tochter. In der Literatur wurde Lesben mit Kinderwunsch von Seiten einer Großmutter[269] Egoismus vorgeworfen, zwei Mütter meiner Gesprächspartnerinnen reagierten mit Unverständnis auf deren Schwangerschaften.

Dagegen ist in der Literatur wie bei den Gesprächspartnerinnen von durchaus sehr positiven Reaktionen die Rede. Die meisten Frauen (vier Frauen) haben sehr positive Erfahrungen mit ihrer Herkunftsfamilie gemacht, was ihr Kind betrifft. Eine erhält volle Unterstützung von ihren Eltern und den ehemaligen Schwiegereltern.

Die Gemeinsamkeit aller sieben Gesprächspartnerinnen ist, dass sie alle über Reaktionen ihrer Herkunftsfamilie sprachen. Bei zwei Frauen akzeptieren die Eltern den Lebensweg ihrer Tochter nicht, bei zwei weiteren wird ihre lesbische Familie ausschließlich im engsten Familienkreis akzeptiert. Ausschließlich eine Gesprächspartnerin äußerte, dass ihre Mutter ein lesbisches Großmutter- Coming- Out gleich nach der Geburt des Kindes erlebte. Sie erzählte allen FreundInnen und in der Verwandtschaft, dass ihre Tochter mit einer Frau zusammen ein Kind bekommen habe. Die deutschsprachige Literatur bezieht sich hier ausschließlich auf Kinder aus heterosexuellen Beziehungen, nicht auf Kinder, die in lesbische Beziehungen hineingeboren wurden. Aus den USA hat eine Untersuchung diesbezüglich ergeben, dass die Großeltern mit zunehmendem Alter der Enkelkinder ihrer Umwelt gegenüber äußern, dass ihre Enkel in einer gleichgeschlechtlichen Familie aufwachsen.

Folgende Schwierigkeiten wurden auch von Seiten einzelner Gesprächspartnerinnen berichtet. Manche Großeltern erkennen die Kinder ihrer Tochter nicht immer als gleichwertige Enkelkinder neben Kindern von Geschwistern an, wenn ihre Tochter die Kinder nicht geboren hat. Dagegen gibt es ebenso Großeltern, die ihre Enkel ganz annehmen, auch wenn sie nicht mit den Kindern verwandt sind. Drei Gesprächspartnerinnen erzählten, dass sie die volle Unterstützung ihrer Familie durch die Eltern erfahren.

---

[269] Im Folgenden nenne ich die Eltern von lesbischen Müttern, unabhängig von biologischer oder sozialer Mutterschaft, *Großeltern*, auch wenn sich nicht alle als solche bezeichnen.

In der Literatur wird die Vermutung geäußert, dass Eltern homosexueller Kinder leichter mit deren Lebensweise umgehen können, sobald Enkelkinder existieren. Damit finde eine Anlehnung an traditionelle Familienformen statt. Diese Vermutung steht im Widerspruch zu meinen Gesprächspartnerinnen. Frauen, die schon vor der Geburt der Kinder kein gutes Verhältnis zu ihren Eltern hatten, haben keine nennenswerten Veränderungen berichtet. Die Frauen, die sich immer gut mit ihren Eltern verstanden haben, haben nach wie vor einen Kontakt mit den Eltern.

Laut Aussage einer Quelle haben mehr als 75% aller lesbischen Mütter Kontakt zu den Eltern, bei meinen Gesprächspartnerinnen allerdings alle Frauen.

### Existieren Unterschiede zwischen Reaktionen von Seiten der Mütter und der Väter?

In der Literatur wird von Sasse ausführlich beschrieben, dass Mütter eher Schwierigkeiten mit ihren lesbischen Töchtern hätten als Väter und umgedreht. Auf die Partnerin der Tochter seien Mütter häufig eifersüchtig, sie betrachten die *Schwiegertöchter* als Konkurrenz. Teilweise haben lesbische Frauen erlebt, dass ihre Mutter ihre Partnerin in deren Abwesenheit schlecht gemacht hat. Diskriminierungen in Form von Missachtung ihrer Lebensweise u.a. kommen vor. Müttern dieser Generation waren oftmals Hausfrauen, die durch ihren Status gesteigerten Wert auf gute Kontakte zur Nachbarschaft legen, den Vätern ist das weniger wichtig.[270]

Zu den Interviewpartnerinnen gibt es in diesem Zusammenhang Unterschiede und Ähnlichkeiten. Der Unterschied ist, dass sich die meisten Frauen (vier Frauen) mit beiden Elternteilen gleich gut verstehen oder sie haben zu beiden kein gutes Verhältnis. Drei Frauen empfinden den Kontakt mit ihren Vätern als einfacher und unkomplizierter. Nach Aussage der Frauen ist dies vermutlich deshalb so, weil der Vater weiterhin der einzige Mann im Leben der Tochter bleibt, und ihm diese Vorstellung gefällt. Als Ähnlichkeiten haben sich herausgestellt, dass gerade die Mütter von zwei Gesprächspartnerinnen enorme Schwierigkeiten haben, in der Nachbarschaft zu erzählen, dass ihre Tochter Kinder mit einer anderen Frau aufzieht.

Die Literatur geht davon aus, dass das Gespräch über Lesbischsein eher mit den Vätern gesucht wird als mit den Müttern. Begründung dafür sei, dass der Vater durch seine tägliche Abwesenheit während seiner Arbeitszeit erzieherisch weniger Einfluss genommen hat auf die Kinder. Dieser Umstand bewirke, dass sich Väter seltener damit identifizieren, ob das Lesbischsein eventuell ihre Schuld sein könnte. Solche Aussagen haben

---

[270] vgl. Sasse, 1995, S. 135ff.

die Interviewpartnerinnen überhaupt nicht gemacht. Wie schon erwähnt, empfinden ausschließlich drei Frauen, dass sie den Kontakt mit ihrem Vater als unkomplizierter wahrnehmen als mit ihrer Mutter.

**Reaktionen der Geschwister**
Die Reaktionen von Seiten der Geschwister sind nach Sasse sehr unterschiedlich. Es gibt lesbische Frauen, die ein sehr inniges Verhältnis zu ihrer Schwester haben. Diese gibt ihrer Schwester wiederum eine positive Rückmeldung für ihre Familienform. Bei gutem Kontakt lesbischer Frauen mit ihrer Schwester, kann diese bei Bedarf zwischen den Eltern und der Tochter vermitteln. Sind die Reaktionen eher ablehnend, vermutet Sasse Eifersucht auf die Partnerin der Schwester. Das Verhältnis zu Brüdern ist ebenfalls sehr unterschiedlich, wobei die Autorin weniger Probleme mit Brüdern vermutet. Es scheint nach Sasse eine Korrelation zu den Vätern zu geben. Mütter und Schwestern reagieren dafür auf einen schwulen Sohn oder Bruder weniger ablehnend.

Meine Gesprächspartnerinnen berichteten von sehr unterschiedlichen Reaktionen von Seiten ihrer Geschwister. Alle außer einer Gesprächspartnerin haben Geschwister. Deren Reaktionen waren sehr unterschiedlich. Zum einen erlebten die Frauen zwar sehr positive Reaktionen, zum anderen aber auch sehr negative. Letztere überwiegen. Die Brüder von drei Frauen haben eher negativ reagiert, eine Schwester und zwei Schwägerinnen haben ebenfalls Schwierigkeiten damit, dass ihre lesbische Schwester/ Schwägerin Mutter geworden ist. Positive Reaktionen und Unterstützung ihrer Familienform erlebten zwei Frauen, eine von ihrer Schwester, die andere vom Bruder.
Eine Gesprächspartnerin spricht von einem sehr guten Verhältnis zu ihrem Bruder, bevor sie schwanger wurde. Zu Beginn ihrer Kinderplanung stand zur Diskussion, dass ihr Bruder eventuell der Partnerin ociner Schwester eine Samenspende gibt. Nachdem seine Überlegungen zu Konflikten mit seiner Partnerin führten, teilte er seiner Schwester und deren Partnerin mit, dass er sich dagegen entschieden hat. Mittlerweile hat der Bruder den Kontakt zu seiner Schwester- eine meiner Gesprächspartnerinnen- abgebrochen, da er nichts mehr mit ihr zu tun haben will. Er lehnt ihren Lebensentwurf ab, äußert sich ganz abwertend über die homosexuelle Lebensweise an sich.

Laut Aussagen meiner Gesprächspartnerinnen überwiegen zum einen negative Reaktionen von Seiten ihrer Geschwister, zum anderen äußerten sich die Brüder sehr viel negativer als die Schwestern. Dies steht im Wi-

derspruch zu Sasses Behauptung, dass Brüder eher weniger Schwierigkeiten mit einer lesbischen Schwester, die Mutter ist, haben.[271]

## 8.2.2 Reaktionen am Arbeitsplatz

Lesbische Mütter werden immer wieder damit konfrontiert, ob sie sich in
bestimmten Zusammenhängen outen oder nicht. Der Arbeitsplatz ist einer
von vielen Orten, an dem die Frauen abwägen müssen, ob sich Nachteile
für sie ergeben könnten, wenn sie sich den KollegInnen oder der/ dem
ChefIn gegenüber als lesbische Mutter zu verstehen geben. Sasse nennt
Beispiele von lesbischen Müttern, die Diskriminierungen (sexuelle Belästi-
gung durch den Chef) erfahren haben. Aufgrund dieser Angst vor sehr negativen Reaktionen offenbart sich manche lesbische Mutter nicht am Arbeitsplatz. Einige sind einem enormen Druck ausgesetzt und geraten in
Situationen, in denen sie ihre eigene Familie leugnen. Entweder machen
sie aus *ihrer Partnerin einen Partner*, oder sie verbessern niemanden, der
sie als alleinerziehend wahrnimmt. Das Vorurteil, dass Lesben und
Schwule keine Kinder haben, bietet sich für manche lesbische Mutter an,
wenn sie sich am Arbeitsplatz nicht outen kann oder will.
Laut Aussagen der Literatur erleben Frauen dagegen ebenfalls positive
Reaktionen am Arbeitsplatz. Durch Offenheit gegenüber KollegInnen oder
der/ dem ChefIn verhindern lesbische Mütter, dass sie sich bezüglich ihrer
Familienform angreifbar machen. Niemand kann sie damit unter Druck
setzten.

Meine Gesprächspartnerinnen haben unterschiedliche Erfahrungen bezüglich der Reaktionen am Arbeitsplatz zu ihrer Familienform gemacht. In dem
Zusammenhang sollten zwei Aspekte Berücksichtigung finden. Erstens
spielt es eine Rolle, in welchen Arbeitsverhältnissen die Frauen tätig sind.
Zweitens sollte erwähnt werden, ob die Frauen sich am Arbeitsplatz geou-
tet haben.
Die eine Hälfte der Frauen arbeitet mit KollegInnen, die andere Hälfte ist
selbständig tätig. Aufgrund dessen haben sich ausschließlich drei Gesprächspartnerinnen über ihre Reaktionen bezüglich ihrer lesbischen Familie geäußert. Nachdem ihre Partnerin das erste Kind geboren hatte, teilte
eine Gesprächspartnerin ihrem Chef mit, dass sie Mutter geworden ist.
Damit hat sie gute Erfahrungen gemacht. Mit einem Kollegen hat sie Erfahrungen gesammelt, die für sie nicht nachvollziehbar waren. Er war der Meinung, dass sich ihre Partnerin um die nächtliche Betreuung des Säuglings
kümmern sollte, da dies deren Aufgabe sei. Sie müsste sich von der Arbeit
erholen. Eine andere Gesprächspartnerin hat ihr Lesbischsein nicht ver-

---

[271] vgl. Sasse, 1995, S. 93

heimlicht, und ihre Partnerin häufiger gegenüber KollegInnen erwähnt. Sie hat keine negativen Äußerungen miterlebt. Die Reaktionen auf ihre Familienform waren weder positiv noch negativ. Allerdings lebte und arbeitete sie bis vor wenigen Monaten in den USA. Die dritte Gesprächspartnerin erwähnte, dass sie mit einer Frau ein Kind aufzieht, wenn andere von ihren Familien erzählen. In solchen Zusammenhängen machte sie ihre Familienform offen. Dabei ist es ihr schon häufiger passiert, dass insbesondere Männer anzügliche Bemerkungen fallen lassen oder sie danach fragen, wie sie denn zu einem Kind gekommen wären.

Meine Vorannahme hat sich darin bestätigt, dass die Reaktionen von Seiten der KollegInnen und der/ des ChefIn sowohl positiv wie negativ waren. In den Aussagen der Literatur sind die Reaktionen eher negativ, während sich das bei meinen Gesprächspartnerinnen in etwa die Waage hält. Mit zu berücksichtigen ist in jedem Fall, dass meine Gesprächspartnerinnen in einer Großstadt leben und arbeiten. Die eine betonte, dass sie mit ihrer Partnerin und dem gemeinsamen Kind keineswegs in einer Kleinstadt oder gar auf dem Land leben wollte.

### 8.2.3 Reaktionen der Gesellschaft

Im Folgenden möchte ich Reaktionen aus dem näheren Umfeld lesbischer Mütter aufzeigen. Einige Erfahrungen wurden teilweise auf den letzten Seiten schon erwähnt. Laut mehrerer Quellen erfahren offen lesbisch lebende Mütter Ausgrenzungen und Diskriminierungen in ihrem Umfeld. Diese äußern sich häufig sehr subtil. FreundInnen der Kinder dürfen plötzlich nicht mehr zu Besuch kommen, wenn die Kinder in einer gleichgeschlechtlichen Lebensgemeinschaft aufwachsen. Kindern wird im Kindergarten und in der Schule vermittelt, es gäbe ausschließlich das Modell der heterosexuellen Familie. In einem Schulbuch wurde u.a. Homosexualität als Krankheit bezeichnet, und operative Eingriffe zur „Heilung" wurden vorgeschlagen.[272]
Rechtlich gesehen sind gleichgeschlechtliche Familien gegenüber heterosexuellen Familien sehr benachteiligt. Ausführlich wird darauf im Kapitel 8.5 eingegangen.
Um oben genannter Diskriminierung zu entgehen, verschweigen manche lesbischen Mütter ihre Familie im Kontakt mit anderen Menschen. Nach wie vor herrschen gesellschaftlich Vorurteile gegenüber lesbischer Elternschaft. Lesben wären angeblich nicht in der Lage, Kinder zu erziehen. Lesbische Mütter brauchen eine enorme Kraft, um sich gegen Anfeindungen von außen zu schützen. Psychische Belastungen der Frauen können Krankheiten

---

[272] vgl. Lähnemann, 1997, S. 17

auslösen, und möglicherweise zerbricht die Familie daran, dass sie dem Druck von außen nicht standhalten kann.

In der Literatur werden zu Diskriminierungen hauptsächlich Erfahrungen mit der Herkunftsfamilie und im sozialen Nahraum genannt.[273] Die Erfahrungen meiner Gesprächspartnerinnen unterscheiden sich diesbezüglich kaum. Ihre Prioritäten waren hauptsächlich Reaktionen von Seiten der Herkunftsfamilie und Reaktionen im nahen Umfeld. Die Gemeinsamkeit von Seiten der Literatur und den Gesprächspartnerinnen besteht folglich darin, dass identische Themen im Vordergrund stehen, mit denen sich die Interviewpartnerinnen und die Quellen auseinandergesetzt haben.

Es gibt allerdings einen auffälligen Unterschied zwischen Literatur und den Aussagen der Gesprächspartnerinnen. Laut der Quellen erlebten lesbische Mütter Ausgrenzungen und Diskriminierungen auf ihren Lebensentwurf. Dagegen fühlte sich keine meiner Gesprächspartnerinnen als lesbische Mutter diskriminiert. In ihrer Herkunftsfamilie und in ihrem Umfeld hatten sie ihrer Ansicht nach bisher nie Probleme. Alle Gesprächspartnerinnen fanden es problemlos, als Lesbe mit Partnerin und Kindern in einer Großstadt zu leben. Gleichzeitig sprachen alle sieben Frauen davon, dass sie noch keine diskriminierenden Erfahrungen diesbezüglich machen mussten. Einzelne Frauen erwähnten, dass sie die derzeitige Rechtslage für lesbische Familien als Diskriminierung erlebten.
Einzelne Familienmitglieder würden ihren Familienentwurf zwar nicht unterstützen und ihn befremdlich finden, dennoch waren die überwiegenden Reaktionen laut Aussage der Frauen positiv.

Meiner Meinung nach haben mehrere meiner Gesprächspartnerinnen Ausgrenzung und Diskriminierung erfahren, auch wenn sie das nicht so benannt haben. Möglicherweise kommt die Haltung der Frauen durch Ablehnung eines Opferstatus zustande, und sie lehnen die Zuschreibung der Diskriminierung ab. Möglicherweise ist es eine Art Schutzfunktion der Frauen, dass gerade sie noch keine negativen Erfahrungen machen mussten.
Im Folgenden möchte ich zwei Beispiele von zwei verschiedenen Gesprächspartnerinnen anführen um zu erklären, weshalb ich in diesem Zusammenhang von nicht einmal subtiler Diskriminierung spreche.
➢ Der Bruder einer Gesprächspartnerin hat den Kontakt zu seiner Schwester während ihrer Schwangerschaft abgebrochen. Er bezeichnet ihre Entscheidung zu einer Insemination als „pervers" und will mit seiner Schwester nichts mehr zu tun haben.

---

[273] und Diskriminierung durch die Rechtslage. Darauf wird in Kap. 8.5 eingegangen.

> Eine andere Gesprächspartnerin hat Kontakt mit ihrer Krankenkasse aufgenommen. Sie erkundigte sich, ob sie nicht als soziale Mutter ihre Partnerin und ihr Kind mit versichern könnte. (Sie wusste, dass sie dafür keine rechtliche Handhabe hat, wollte es dennoch probieren.) Die Reaktion von Seiten der Kasse war diskriminierend und rassistisch. Ihr wurde mitgeteilt, dass ein türkischer Mann auch nicht seine Cousine mit versichern könnte. Die soziale Mutter war verärgert, nachdem sie das Telefonat beendet hatte.

Die Thematik, weshalb alle sieben Gesprächspartnerinnen negative Erlebnisse nicht als Diskriminierung bezeichnen, könnte eine weiterführende Fragestellung sein.

## 8.3. Rollenverteilungen bei lesbischen Elternpaaren

3. Hypothese:
Die Rollenaufteilungen von zwei Müttern sind egalitärer.

Diese These basiert vorwiegend auf Texten von Kämper[274] und Thiel[275]. Beide Autorinnen benennen das Fehlen von vorgegebenen Rollenmodellen für gleichgeschlechtliche Eltern(paare) zwar als Nachteil, sehen darin aber dennoch vorwiegend positive Aspekte, da dieses nicht vorhanden sein von Vorbildern Raum für Selbstgestaltung lässt. Der Alltag von lesbischen Familien ist laut der o.g. Quellen durch gegenseitige Achtung und Respekt und der Bereitschaft zu gleichberechtigtem Aushandeln geprägt. Gleichgeschlechtliche Familien haben somit die Möglichkeit ein neues demokratisches Familienmodell zu entwickeln.

Stellt es sich für lesbische Mütter als problematisch heraus, dass es keine gesellschaftlichen Vorbilder gibt oder ermöglicht dieser Umstand ungeahnte Entwicklungschancen? Die Frage nach der Rollenverteilung stellte ich auch meinen Gesprächspartnerinnen. Drei Gesprächspartnerinnen lebten z.Z. des Interviews ohne Partnerin. Eine von ihnen sprach darüber, dass sich die Aufgabenverteilung durch die Trennung sehr verändert hat. Sie verbringt mehr Zeit mit dem Kind, weil es bei ihr seinen Lebensmittelpunkt hat.

Die weiteren vier Frauen (= zwei Paare) berichteten, dass sie ihre Rollenaufteilung als gleichberechtigt empfinden. Das eine Paar sieht sich als ganz gleichberechtigt an. Das äußern beide Mütter unabhängig voneinander. Die biologische Mutter hält Frauen zwar für verantwortungs-bewusster als Männer, sie erzählte, dass es bei ihnen  keine traditionelle Aufteilung

---

[274] Kämper, 2001, S. 39- 44
[275] Thiel, 1996, S. 96- 103

gibt, dennoch haben sie gezwungenermaßen eine neue Aufteilung. Sie bleibt vorerst mit dem Kind zu Hause, und ihre Partnerin geht Vollzeit arbeiten. Das andere Paar sieht sich ebenfalls als gleichberechtigt an, allerdings laut Aussage der Co- Mutter mit ein paar Abstrichen, auf die sie und ihre Partnerin keine Einflussmöglichkeiten haben. Sie machte die derzeitige Rechtslage dafür verantwortlich, dass eine ganz gleichberechtigte Rollenaufteilung real nicht umzusetzen ist, da eine Co- Mutter u.a. keinen Anspruch auf Mutterschaftsgeld hat.

Die Aussagen der Literaturquellen decken sich meiner Ansicht nach weitestgehend mit den Aussagen meiner Gesprächspartnerinnen. Die Frauenpaare haben bestätigt, dass sie im Beziehungsumgang sehr respektvoll miteinander sind, und das sich sehr bemühen, die Aufgaben im Haushalt und in der Kindererziehung so gleichberechtigt wie nur möglich zu gestalten.

Im Folgenden möchte ich ein von den Gesprächspartnerinnen eingebrachtes Thema erwähnen, welches meines Wissens bisher nicht wissenschaftlich erforscht wurde. Es geht um die nächtliche Betreuung des Säuglings, die nicht ausschließlich von den biologischen Müttern übernommen wurde. Beide Frauenpaare haben diesbezüglich unterschiedliche Aussagen gemacht. Ein Säugling wurde gestillt, der andere nicht. Letzterer wurde fast ausnahmslos von der sozialen Mutter versorgt, während sich bei dem anderen eigentlich ausschließlich die biologische Mutter um das Kind gekümmert hat.

Zur Thematik Rollenverteilung möchte ich noch eine US- amerikanische Studie[276] erwähnen.
Kurzbeschreibung: Untersucht wurde die familiäre Arbeitsverteilung bei lesbischen Paaren, der Grad der Zufriedenheit mit der Arbeitsverteilung, der Grad der generellen Beziehungszufriedenheit der Mütter sowie die möglichen Auswirkungen dieser Faktoren auf das Verhalten der Kinder. An der Studie haben 26 Familien teilgenommen, deren Familienoberhäupter lesbische Paare waren, die mindestens ein Kind zwischen 4 und 9 Jahre hatten.
Ergebnisse der Studie belegen, dass die Aufgabenaufteilung der Mütter in den Bereichen Haushalt und Entscheidsfindung relativ gleichberechtigt, sowie die generelle Zufriedenheit von lesbischen Müttern in ihren Partnerinnen-Beziehungen relativ hoch ist. Biologische Mütter berichteten zwar, ähnlich wie in heterosexuellen Familien, etwas mehr Haushaltsarbeit zu leisten. Jedoch war dieses mehr an Hausarbeit, im Vergleich zu heterosexuellen Paaren, statistisch gesehen nicht signifikant. Diese Studie zeigte

---

[276] vgl. Patterson, 1995, S. 116ff.

jedoch auch, dass in lesbischen Familien, ganz ähnlich wie in heterosexuellen Familien, die biologischen Mütter mehr Verantwortung im Bereich Kinderbetreuung tragen. Dies war um so auffälliger da biologische und soziale Mütter darin übereinstimmen, dass idealer weise Kinderbetreuung ziemlich egalitär aufgeteilt sein sollte. Dafür gehen soziale Mütter eher als biologische Mütter einer bezahlten Arbeit von 40 und mehr Stunden nach. (Etwa 70% aller sozialen Mütter und nur etwas 40 aller biologischen Mütter gingen einer bezahlten Arbeit von 40 oder 40+ Stunden nach.) In diesem Zusammenhang erscheint es mir wichtig darauf hinzuweisen, dass diese Studie einen Zusammenhang zwischen dem Grad der elterlichen Verantwortungsaufteilung im Bereich Kinderbetreuung und dem Verhalten der Kinder nachweist. Das heißt: dass Verhaltensprobleme der Kinder abnehmen, wenn beide Mütter relativ gleichberechtigt die Kinderbetreuung übernehmen. Dies ergab sich aus Aussagen der biologischen und nicht-biologischen Mütter sowie auch aus den Selbstaussagen der Kinder. Das Verhalten der Kinder wurde von allen als positiver beschrieben, wenn die Beteiligung der nicht-biologischen Mutter an der Kinderbetreuung relativ hoch war und die biologische Mutter nicht als ungleich mehr belastet beschrieben wurde.

Zusammenfassend lässt sich sagen, dass die Ergebnisse von Pattersons Studie ergeben, dass die Rollenaufteilung in den drei untersuchten Bereichen (Haushalt, Entscheidungsfindung, Kinderbetreuung) in lesbische Familien egalitärer funktioniert als in heterosexuellen Familien, dass es aber auch hier Unterschiede, insbesondere in Bereich Kinderbetreuung, gibt.
Diese Ergebnisse sind eine Bestätigung der dritten These. Im Folgenden ziehe ich eine Parallele zwischen den Aussagen von Pattersons Studie und den meiner Gesprächspartnerinnen. Mehrere Frauen haben mir gegenüber erwähnt, dass ihnen aufgrund der derzeitigen Rechtslage keine andere Möglichkeit blieb, als dass die biologische Mutter die Kinderbetreuung und die soziale Mutter die finanzielle Sicherung übernimmt. Die Elternpaare der US-amerikanische Studie scheinen eine sehr ähnliche Aufgabenverteilungen zu haben. Aus der Studie geht leider nicht hervor, ob diese Aufteilung freiwillig getroffen würde oder ob es für diese Paare ebenfalls aufgrund der Rechtslage keine anderen Möglichkeiten gibt.

## 8.4.  Die Bindung zwischen den Müttern und dem Kind

4. Hypothese:
Die Bindung der biologischen Mutter zum Kind unterscheidet sich von der Bindung der Co- Mutter zum Kind.

Inzwischen finden in der deutschsprachigen Literatur schon mehrfach Auseinandersetzungen mit dem Thema lesbische Elternschaft statt. Speziell zum Thema Bindungen von biologischer und sozialer Mutter zu gemeinsamen Kindern gibt es im deutschsprachigen Raum meines Wissens ausschließlich eine Quelle. Thiel setzte sich damit auseinander und ließ u.a. eine soziale Mutter zu Wort kommen. Durch das Stillen der Kinder und die Monate der Schwangerschaft entsteht zwischen den biologischen Müttern und den Kindern eine sehr enge symbiotische Beziehung. Die sozialen Mütter fühlen sich insbesondere während dieser Zeit außen vor, da sie die Erfahrungen, das Kind im Bauch zu haben und es anschließend zu stillen, nicht gemacht haben. Zudem ist das Stillen für biologische Mütter kräftezerrend, und es bleibt wenig oder keine Energie für die Partnerin übrig. Dieses Erleben führt bei sozialen Müttern dazu, dass sie zu einer Randfigur werden und sich ausgeschlossen fühlen. Dadurch bekommen sie schwer Zugang zu ihren Kindern. Durch diese Erfahrung bringt eine soziale Mutter mehr Verständnis für Väter auf. Während sie Väter früher als egoistisch und kindisch empfand, kann sie Verhaltensweisen mittlerweile eher nachvollziehen. Die Beziehung zu ihrer Partnerin hat sich durch die Geburt der Kinder verändert bzw. ist dadurch ein Teil ihrer Beziehung verloren gegangen.
Die soziale Mutter ist davon überzeugt, dass die biologische Mutter letztendlich Entscheidungen, die die Kinder betreffen, übernehmen soll, wenn sie sich nicht einigen können. Dies steht ihrer Partnerin zu, da die Kinder ein Teil von ihr sind.

Gibt es Unterschiede zwischen der Bindung einer biologischen Mutter zum Kind und der Bindung einer Co- Mutter zum Kind und umgedreht von Seiten des Kindes zu beiden Müttern? Die Ergebnisse der Interviews lassen vermuten, dass dieses Thema eine weiterführende Fragestellung ermöglichen würde. Bezüglich der Bindung von den Müttern zu den Kindern haben sich fünf Gesprächspartnerinnen geäußert. Dabei handelt es sich um Aussagen von zwei sozialen und drei biologischen Müttern. Im Folgenden bestätigt sich meine Vermutung nur teilweise; drei Mütter sind davon überzeugt, dass es Unterschiede bezüglich der Bindung zwischen biologischen Müttern und ihren Kindern und der Bindung zwischen sozialen Müttern und ihren Kindern gibt. Jedoch zwei Frauen (ein Elternpaar) schließen diese aus.

Für die eine soziale Mutter war schon immer klar, dass ihre Partnerin und das Kind eine ganz intensive Beziehung durch die Geburt verbindet. Sie sieht eine andere und engere Beziehung von ihrer Partnerin zum Kind und umgedreht. In dem Zusammenhang geht es nicht darum, dass die biologische Mutter etwas mehr Zeit mit dem Kind verbringt. Selbst wenn sich das Elternpaar ziemlich gleichberechtigt um Jan kümmert, ist diese intensivere Bindung zwischen Partnerin und Kind spürbar. In den ersten achtzehn Monaten wandte sich das Kind hauptsächlich an seine biologische Mutter. Das hat sich in den letzten zwei Jahren sehr verändert, und die soziale Mutter empfindet die Beziehung zu ihrem Sohn mittlerweile als ausgewogen. Dagegen sieht das die andere soziale Mutter ganz anders. Sie ist von der biologischen Mutter- Kind- Bindung keineswegs überzeugt. Das Kind ist auf ihre Partnerin fixierter, da sie mehr Zeit mit dem Jungen verbringt.

Zwei der drei biologischen Mütter bestätigen die Aussagen der Literatur, dass sie die Beziehung zu ihren Kindern als intensiver empfinden als die Beziehung ihrer Partnerin mit dem Kind. Beide Frauen sehen dies zumindest in den ersten Monaten nach der Geburt als gegeben an. Dennoch machen sie die Erfahrung, dass sich das mit zunehmendem Alter des Kindes ändert und sich die Beziehungen vom Kind zur biologischen und zur sozialen Mutter gleichberechtigter entwickeln. Im Folgenden wird auf ihre Erklärungen für die unterschiedlichen Bindungen eingegangen. Die eine Mutter empfindet die Schwangerschaft als einen Vorsprung, der nicht aufzuholen ist. Von Seiten ihrer Partnerin erforderte diese Situation unglaublich viel Verständnis. Diese kam damit sehr gut zurecht, weil sie sich dieser Mutter- Kind- Bindung bewusst war. In den ersten Monaten hatte die biologische Mutter eindeutig Priorität bei ihrem Kind. Inzwischen empfindet sie die Bindungen als völlig gleichberechtigt. Die zweite biologische Mutter erklärte sich das enge und vertraute Verhältnis zu ihrem Kind durch den Prozess des Stillens. Sie vertritt ebenfalls die Ansicht, dass sich dieser der Umstand, dass die soziale Mutter und ihr Kind keine so intensive Beziehung verbindet, im Laufe der Zeit positiv entwickeln wird.

Dagegen sieht die dritte biologische Mutter keinen Unterschied zwischen den Bindungen zum Kind und umgedreht. Ihr Kind verbringt mit niemandem so viel Zeit wie mit ihr, und deshalb bezieht es sich eher auf sie. Ansonsten empfindet sie die Bindungen als gleich stark; von ihr und ihrer Partnerin zum Kind und umgedreht. Die Meinung dieser Mutter und der einen erwähnten sozialen Mutter stehen im Widerspruch zu vorangestellter Hypothese.

## 8.5 Die rechtliche Benachteiligung lesbischer Familien - insbesondere die der sozialen Mütter

5. Hypothese:
Die Rechtslage, die bisher keinerlei Rechte für Co- Mütter enthält, weist bezüglich des Sorge- und des Umgangsrecht enormen Bedarf, rechtliche Absicherungen für die Kinder und die Co- Eltern zu schaffen. Die rechtliche Gleichstellung aller Familienformen sind erforderlich, um u.a. für lesbische, schwule, bi- und transsexuelle Eltern und deren Kindern zu gewährleisten.

Meines Wissens gibt es zur Rechtslage in gleichgeschlechtlichen Familien die meiste Literatur (zumindest im deutschsprachigen Raum) gegenüber anderen Themen, die sich mit lesbischer Mutterschaft auseinandersetzen. U.a. unterstützt der Lesben und Schwulenverband Deutschland seit mehreren Jahren dafür, dass gleichgeschlechtliche Familien heterosexuellen Familien rechtlich gleichgestellt werden. Eine Entwicklung in diese Richtung ist die Möglichkeit, dass Lesben und Schwule seit dem 01.08.2001 gemeinsam eine Lebenspartnerschaft eingehen können. Allerdings hat diese Gesetzesänderung nur weniges bezüglich gemeinsamer Kinder von Lesbenpaaren geregelt. Das Lebenspartnerschaftsgesetz (LPartG) sieht kein gemeinsames Sorgerecht für ein lesbisches Elternpaar vor, und das kleine Sorgerecht (welches die soziale Mutter durch Vollmachten der biologischen Mutter oder durch Eintragung erhält) steht dem sozialen Elternteil nach Auflösung einer LPartG darüber hinaus nicht zu. Ein gemeinsames Adoptionsrecht ist gleichgeschlechtlichen Paaren nicht gestattet, ebenso ist eine Stiefelternadoption (dass die soziale Mutter die Kinder ihrer Partnerin adoptiert) nicht möglich. Ein Umgangsrecht wird geregelt, wenn eine Lebenspartnerschaft bestanden hat. Dieses kann dem sozialen Elternteil ausschließlich entzogen werden, wenn der Umgang dem Wohl des Kindes schadet. Weiterhin gibt es mehrere rechtliche Benachteiligungen für gleichgeschlechtliche Paare. Auch wenn sie eine Lebenspartnerschaft eingehen, sind sie Eheleuten keinesfalls gleichgestellt. Im Folgenden möchte ich nicht weiter darauf eingehen, da die Rechtslage ausführlich im 5. Kapitel thematisiert wurde. Weiterhin wird diskutiert, in welchen Aspekten Unterschiede und in welchen Ähnlichkeiten zwischen der Literatur und meinen Interviews aufgetreten sind.

Von meinen Gesprächspartnerinnen haben sich hauptsächlich fünf Frauen sehr ausführlich zur Rechtlage von lesbischen Familien bzw. zu deren

Benachteiligungen geäußert. Kritik haben die Frauen hauptsächlich an dem rechtslosen Status einer Co- Mutter geübt. Ohne Vollmachten des sorgeberechtigten Elternteils oder ohne eine LPartG können Co- Mütter nicht einmal die alltäglich anfallenden Dinge regeln wie beispielsweise einen Arztbesuch. Allen ist wichtig, dass soziale Mütter ein gemeinsames Sorgerecht mit ihrer Partnerin für gemeinsame Kinder erhalten.

Meine Vermutung, dass sich Literatur und lesbische Mütter, gleich ob biologische oder soziale, ausführlich mit diesem Aspekt auseinandersetzen, wurde daher bestätigt.

Ebenfalls stand ein weiterer Aspekt bei den Frauen im Vordergrund: die Angst und Unsicherheit, falls der biologischen Mutter etwas zustoßen sollte. Die soziale Mutter hat bisher keinen Anspruch, dass die Kinder nach dem Tod ihrer Partnerin bei ihr leben können. Die eingetragene Lebenspartnerschaft verbessert zumindest diesbezüglich die Chancen, dass die Kinder eventuell bei der sozialen Mutter verbleiben können, da sie ihre Bezugsperson ist und die Kinder in ihrer gewohnten Umgebung wären.

Ein Paar hatte von Seiten eines Jugendamtsmitarbeiters und einer Rechtsanwältin diesbezüglich positive Aussagen vermittelt bekommen, da beide Frauen schon seit dreizehn Jahren zusammen sind, ihr Kind gemeinsam geplant war und ausschließlich mit den zwei Müttern gelebt hat. Da das Elternpaar mit dem biologischen Vater des Kindes sehr viele Schwierigkeiten bis über den Zeitpunkt des Interviews hinaus hatte, tendieren sie dazu, ihre Partnerschaft eintragen zu lassen. Sie rechnen damit, dass dies von Vorteil ist, würde der biologischen Mutter etwas zustoßen. Beide Frauen haben Angst, dass der biologische Vater in solch einem Fall sofort die Vormundschaft übernehmen wollen würde. In der Literatur werden Empfehlungen erwähnt, mit Hilfe einer Notarin schriftlich zu fixieren, dass die biologische Mutter im Falle ihres Todes wünscht, dass ihre Kinder weiterhin bei ihrer Partnerin verbleiben. Überlegungen bezüglich des Themas sind in der Literatur in Form von rechtlichen Möglichkeiten vorhanden. Meine Vorannahme, dass Verbesserungen für lesbische Familien geschaffen werden müssen, bestätigt sich durch die Aussagen meiner Gesprächspartnerinnen.

Die Möglichkeit, eine Lebenspartnerschaft einzugehen, erschien den meisten Gesprächspartnerinnen allerdings nicht attraktiv. Sie kritisierten, dass sie finanzielle Nachteile in Kauf nehmen müssten und bezüglich der Kinder sehen sie keine Verbesserungen und Absicherungen. Im Falle einer Gleichstellung von Lebenspartnerschaft und Ehe würden fast alle Frauen heiraten wollen.

Ein letzter Aspekt betrifft den Trennungsfall eines lesbischen Eltern-paares und die Unterhaltsregelungen für deren Kinder. In der Literatur wird wenig thematisiert, dass biologische Mütter bezüglich der Unterhaltsregelungen benachteiligt sind. Jede Mutter kann den Vater ihrer Kinder zur Zahlung von Unterhalt verpflichten. Einer lesbischen Mutter ist es nicht möglich, Unterhalt für gemeinsame Kinder von ihrer ehemaligen Partnerin einzuklagen. Für eine meiner Gesprächspartnerinnen (eine biologische Mutter) war dieser Umstand ein Anliegen. Sie war mittlerweile von ihrer ehemaligen Partnerin getrennt und fand es unumgänglich, für lesbische Familien eine Instanz zu schaffen, die sich beispielsweise um Unterhalt für gemeinsam geplante Kinder kümmert. Aus eigener Erfahrung spricht sie von einer sehr demütigenden Situation.

Die meisten meiner Gesprächspartnerinnen haben darüber gesprochen, was sie im Trennungsfall zu machen gedenken. Allerdings hatte keine eine notarielle Vereinbarung getroffen. Eine biologische Mutter hatte sich bisher gar nicht überlegt, wie es weitergehen könnte mit ihrer Partnerin und ihren Kindern. Die meisten Frauen hatten keine Bedenken, eine vernünftige Unterhaltsregelung zu finden. Ein Paar könnte sich eventuell vorstellen, zusammen wohnen zu bleiben, um das Kind weiterhin gemeinsam aufzuziehen.

Insgesamt wurde wenig über eine mögliche Trennung von der Partnerin gesprochen. Ausschließlich eine Gesprächspartnerin ging ausführlicher auf das Thema ein.

Zusammenfassend lassen sich viele der angesprochenen Aspekte meiner Gesprächspartnerinnen in der Literatur finden und meine Vermutungen, dass die rechtliche Situation für soziale Mütter verbessert werden soll, hat sich in jedem Fall bestätigt. Wie schon erwähnt, gibt es im deutschsprachigen Raum mehr zur Rechtslage von lesbischen Familien als zu anderen Aspekten dieses Themas. Es gibt mehrere Ratgeber für lesbische Eltern-paare, dennoch lässt die emotionale Auseinandersetzung mit dieser Familienform, insbesondere mit der Situation von Co- Müttern, zu wünschen übrig. Durch Erfahrungen mit meinen Interviewpartnerinnen sehe ich einen enormen Bedarf, sich mit der Zufriedenheit lesbischer Mütter, insbesondere der Co- Mütter, ausführlicher zu beschäftigen. Da ihre Lebensentwürfe eben immer noch nicht von der Mehrheit der Gesellschaft getragen und unterstützt werden, wäre eine weiterführende Fragestellung eine Herausforderung.

## 8.6 Das Geschlecht des Kindes

6. Hypothese:
Die meisten Lesben wünschen sich eher Mädchen.

Meine Vorannahme, dass sich Lesben eher Mädchen wünschen als Jungen, kann ich anhand von Literatur nicht belegen, da es meines Wissens zu diesem Themenbereich keine gibt. Daher nutze ich Aussagen meiner Gesprächspartnerinnen, anhand derer ich meine Vermutung nicht bestätigt sehe. Ausschließlich eine Frau wünschte sich eine Tochter, mehrere Frauen dagegen einen Sohn. Bei den übrigen Gesprächspartnerinnen spielte das Geschlecht keine Rolle.

Eine der beiden Gesprächspartnerinnen, die lieber einen Jungen hat, begründet dies unterschiedlich. Eine denkt, dass es ein Mädchen bei ihr schwerer hat als ein Junge, da sie sich mit dem Mädchen mehr identifizieren würde. Wenn ihre Tochter sich nach dem Klischee eines Mädchens entwickeln würde, stellt sie sich das nicht einfach vor, da ihr diese Vorstellung nicht behagt. Die Gesprächspartnerin, die sich eher eine Tochter wünscht, begründet es damit, dass sie gerne Mädchen war und ein starkes dazu. Sie würde dem Mädchen das vermitteln, was ihr als Kind wichtig war. Allerdings kann sie sich auch keine Tochter vorstellen, die dem Rollenklischee eines Mädchens entspricht. Die erste der beiden Frauen vermutet weiter, dass sich lesbische Frauen eher an einem geschlechtsneutralen Rollentypus orientieren bzw. dass sie eher den männlichen Geschlechtsrollentypus gewohnt sind. Der Gedanke, einen Jungen zu erziehen, fällt ihr leichter, obwohl sie vor der Geburt ihres Sohnes immer eine Tochter wollte. Meiner Ansicht nach gibt es zu dieser Thematik einen weiteren Forschungsbedarf.

# 9 Resümee

In der vorliegenden Arbeit wurden anhand von Interviews verschiedene Lebensentwürfe lesbischer Mütter und Co- Mütter sichtbar gemacht. Dabei stand insbesondere im Vordergrund, persönliche Erfahrungen und Positionen meiner Gesprächspartnerinnen wiederzugeben. Aus anfangs gebildeten Hypothesen[277] entwickelten sich Fragen zu folgenden Themen:
- ➤ zur Planung und Umsetzung des Kinderwunsches
- ➤ zu Reaktionen von Seiten der Umwelt auf lesbische Elternschaft
- ➤ zur Rollenverteilung bei lesbischen Elternpaaren
- ➤ zu den Bindungen zwischen den Müttern und den Kindern
- ➤ zur derzeitigen Rechtslage insbesondere für die Co- Mütter
- ➤ zum Wunschgeschlecht der Kinder

Während der Durchführung der Interviews und in der anschließenden Auswertung habe ich feststellen können, welche Fragen bei den Interviewpartnerinnen den meisten und welche den wenigsten Raum eingenommen haben. Reaktionen der Umwelt auf lesbische Elternschaft und die derzeitige Rechtslage waren die vorrangigen Themen der meisten Gesprächspartnerinnen. Die Planung und Umsetzung des Kinderwunsches wurde von einigen Frauen ausführlich thematisiert, andere dagegen äußerten sich diesbezüglich kaum. Die Bindungen zwischen den Müttern und den Kindern, und die Rollenverteilung bei lesbischen Elternpaaren spielten thematisch am wenigsten eine Rolle.

Die beiden Themen, die am ausführlichsten von Seiten der Interviewpartnerinnen angesprochen wurden, waren die o.g. Reaktionen der Umwelt auf lesbische Elternschaft und die aktuelle Rechtslage für lesbische Elternpaare, insbesondere für Co- Mütter. Zum erstgenannten Thema hat sich meine Vorannahme, dass lesbische Familien Diskriminierungen von Seiten ihrer Umwelt erfahren, laut Aussagen der Gesprächspartnerinnen nicht bestätigt. Sie erwähnten, dass sie ihr Familienmodell innerhalb einer Großstadt als unproblematisch erleben. Allerdings konnte sich keine der Frauen vorstellen, in einer kleineren Stadt oder auf dem Dorf zu leben. Ansonsten haben die Frauen entgegen meiner Vermutung hauptsächlich über Reaktionen von Seiten ihrer Herkunftsfamilie(n) berichtet. Die Frauen haben sowohl gute als auch schlechte Erfahrungen mit Eltern, Geschwistern, den Eltern der Partnerin und anderen Verwandten gemacht. Zum Teil unterstützten besonders Eltern und Geschwister die lesbische Familie ihrer Tochter bzw. ihrer Schwester. Allerdings mussten einige Frauen u.a. Kontaktabbrüche von Seiten der Geschwister über sich ergehen lassen und Elternteile rea-

---

[277] Die Hypothesen werden im 6. und 8. Kapitel genannt.

gierten mit scheinbarem Desinteresse und Gleichgültigkeit auf ihre Enkelkinder, die in eine lesbische Familie hineingeboren wurden.
Ich empfand diverse Erlebnisse der Interviewpartnerinnen als diskriminie-
rend, dennoch benannten die Frauen ausschließlich die aktuelle Rechtslage, besonderes in Bezug auf die Co- Mütter, als Diskriminierung. Die meisten Frauen äußerten, dass sie eine Gleichstellung lesbischer Familien mit
heterosexuellen Familien als Notwendigkeit erachten. Wünsche von Seiten
der Frauen sind u.a. die Möglichkeit eines gemeinsamen Sorgerechts, ein
Umgangsrecht im Trennungsfall und das Recht auf Adoption. Einige Mütter
äußerten, dass das Elternpaar im Todesfall der biologischen Mutter keine
rechtsverbindliche Sicherheit hat, dass die Kinder bei der Co- Mutter verbleiben könnten. Das Lebenspartnerschaftsgesetz (LPartG) ist bei den
meisten Interviewpartnerinnen auf Ablehnung gestoßen, da weder das Adoptionsrecht noch steuerliche Vorteile darin vorgesehen sind. Der Konsens
lautete, dass es nur Pflichten und keine Rechte geben würde. Dennoch
steht eine Lebenspartnerschaft für ein Elternpaar zur Diskussion, da dann
zumindest im Todesfall der biologischen Mutter Aussicht besteht, dass
nicht der biologische Vater die Vormundschaft bekommen würde, sondern
das Kind weiterhin bei der Co- Mutter verbleiben könnte.

Die Vorannahme, dass die Kinderplanung lesbischer Frauen enorm lange
dauert, hat sich bestätigt, da von der Entscheidung zum ersten Kind bis zur
Geburt durchschnittlich drei Jahre vergangen sind. In diesem Zusammenhang möchte ich erwähnen, dass z.B. eine Gesprächspartnerin nach dem
ersten Inseminationsversuch schwanger war, dagegen drei andere Frauen
mindestens zehn Versuche unternehmen mussten.

Im Verlauf der Arbeit verdeutlichte sich, dass hauptsächlich die erschwerten rechtlichen Bedingungen, die Lesben von Inseminationen ausschließen, die Planung und Umsetzung der Kinderwünsche erschweren.
Meine weitere Annahme, dass die Rollenaufteilungen bei lesbischen Elternteilen egalitär sind, haben sich anhand der Aussagen von zwei Paaren
bestätigt. Diese Interviewpartnerinnen erleben die Aufgabenverteilungen,
insbesondere mit dem Kind, als gleichberechtigt. Allerdings kritisierte eine
Co- Mutter vehement, dass die Egalität in den ersten Monaten mit Kind
sich nicht realisieren ließ, da sie keinen Erziehungsurlaub nehmen kann.
Dadurch waren sie und ihre Partnerin gezwungen, dass diese das Kind
betreute während sie arbeiten ging.

Diese Thematik wurde m.E. bisher nicht in der wissenschaftlichen Forschung thematisiert. Ein weiteres, m.E. in der wissenschaftlichen Forschung bisher vernachlässigtes Thema, was aus den Ergebnissen meiner
Fragen hervorgeht, ist die Bindung zwischen den Müttern und den Kindern.
Die Bindungen unterscheiden sich nach Meinung fast aller Interviewpartnerinnen. Aus Erfahrungen berichteten mehrere biologische und eine Co-
Mutter, dass insbesondere in den ersten Monaten eine intensivere Bindung
zwischen der biologischen Mutter und dem Kind besteht. Begründungen
sind entweder die Nähe durch die Schwangerschaft oder durch das Stillen
des Säuglings. Allerdings schließen zwei Mütter aus, dass die Beziehung
zwischen Co- Mutter und Baby weniger intensiv ist als zwischen der biologischen Mutter und dem Kind.

Die Vorannahme, dass sich Lesben eher eine Tochter als einen Sohn
wünschen, bestätigt sich laut Aussagen der Gesprächspartnerinnen nicht.
Die meisten bevorzugten einen Jungen, für zwei Interviewpartnerinnen
spielte das Geschlecht keine Rolle und ausschließlich eine Frau hätte lieber eine Tochter.

Die vorliegende Arbeit hat den Bedarf einer intensiveren Auseinandersetzung mit dem Thema deutlich gemacht. Es besteht für mehrere genannte
Themen weiterer Forschungsbedarf. Lesbische Familien erfahren Benachteiligungen auf sämtlichen gesellschaftlichen Ebenen. Der Gesetzgeber müsste beispielsweise die Gleichstellung von heterosexuellen und lesbischen Paaren festschreiben. Darin sehe ich einen ersten Schritt, um Lebensentwürfe lesbischer Mütter und Co- Mütter gesellschaftlich mehr an-
zuerkennen und damit rechtlich abzusichern.
Um lesbischen Familien beispielsweise ein Beratungsangebot zu unter-
breiten, sehe ich die Notwendigkeit einer Sensibilisierung von Mitarbeiter-
Innen in der sozialen Arbeit.

# Literaturverzeichnis

**AE- Info:** Umgangsrecht, in: Single Parents- Allein Erziehende Online- Ein Treffpunkt für (aber nicht nur) allein Erziehende, 2000, abrufbar über: http://www.spao.de/ae-info/recht/umgangstecht.htm, (25.09.2002), S. 1- 2

**Babtiste, David A.**, in: Frederick W. Bozett (Hrsg.): Gay and lesbian parents, Praeger, New York, 1987, S. 129

**Bendkowski, Halina/ Blumenthal, Axel:** Keine Stimme für Parteien, die Lesben und Schwulen gleiche Rechte verweigern! in: LSVD- der Pressespiegel für Lesben und Schwule, 2002, August, abrufbar über: http://www.lsvd.de, (19.08.2002), S. 1

**Blech, Norbert/ Bless, Thorsten:** Zäsur in Sachen Homo- Ehe- Nach Urteil des Bundesverfassungsgerichts- neuer Streit mit der Union, in: Queer Community, Berlin, 2002, August, Nr. 137, S. 1

**Brill, Stephanie A.:** The Queer Parent's Primer- A Lesbian and Gay Families' Guide to Navigating the Straight World, New Harbinger Publications, Inc., Oakland, 2001

**Bruns, Manfred:** Art. 6 (1) GG und gesetzliche Regelungen für gleichgeschlechtliche Lebensgemeinschaften, Zeitschrift für Rechtspolitik, 1996, Nr. 1, S. 6- 10

**Buba, H.P./ Vaskovics, L.A.:** Benachteiligung gleichgeschlechtlich orientierter Personen und Paare, Bundesanzeiger Verlagsgesellschaft, Hrsg.: Vom Bundesministerium der Justiz, Köln, 2001

**BGB (= Bürgerliches Gesetzbuch):** 43. überarbeitete Auflage, Stand: 15.07.1998, Deutscher Taschenbuch Verlag, München, 1998

**Burke, Phyllis:** Eine Familie ist eine Familie ist eine Familie, Zebra Literaturverlag, Berlin, 1994

**Burgert, Cornelia:** Lesbische Mütter, in: Clio, 1993, Jahrgang 18, Nr. 37, S. 8- 12

**Burmeister, Silke:** Die Furien und Companjeras- Lesben, die mit Kindern leben wollen- Kinder, die mit Lesben leben, in: Lebenssituation lesbischer Mütter und schwuler Väter, Hannover, 2000, S. 17- 21

**Burmeister- Ruf, Silke:** Wie komme ich zum Kind? in: Familienbuch des LSVD, Berlin, 2002, S. 55- 70

**Busche, Jan:** Lehrstuhl für Bürgerliches Recht und Gewerblichen Rechtsschutz, 2001, Januar, abrufbar über: http://www.jura.uni-duesseldorf.de/dozenten /Busche/ Familienrecht/sorgerecht.html, (02.10.2002), S. 1

**Delerue, Karin Susanne:** Eingetragene Lebenspartnerschaft, Walhalla Fachverlag, Regensburg/ Berlin, 2001

**DiLapi, Elena Marie:** Lesbian Mothers and the Motherhood Hierarchy, in: Journal of Homosexuality, 1989, Vol. 18

**Ebel, Frank:** Kein Kind darf diskriminiert werden, in: Regenbogenfamilien- wenn Eltern lesbisch, schwul, bi- oder transsexuell sind, Hrsg.: Senatsverwaltung für Arbeit, Soziales und Frauen/ Senatsverwaltung für Schule, Jugend und Sport, Berlin, 2001, S. 17- 21

**Eggen, Bernd:** Gleichgeschlechtliche Lebensgemeinschaften, Kinder in gleichgeschlechtlichen Lebensgemeinschaften, in: Baden Württemberg in Wort und Zahl, Hrsg.: Statistisches Landesamt Baden- Württemberg, Stuttgart, 2002a, S. 65- 70

**Eggen, Bernd:** Papa und Mama sind zwei Männer- Eine familienwissenschaftliche Erhebung über Kinder in gleichgeschlechtlichen Lebensgemeinschaften, Frankfurter Rundschau, 2002b, März, abrufbar über: http://www.lsvd.de/news/kinder.html, (06.03.2002), S. 1- 8

**Etgeton, Stefan:** Die erzwungene Stille, in: Queer; 2002, Nr. 6, S. 1

**Faerber, Regina:** Der weite Horizont- Schul- und Jugendbuch, Hase und Igel Verlag, Ismaning, 2002

**Feministisches Frauengesundheitszentrum e.V. (FFGZ):** Künstliche Befruchtung in den Niederlanden für lesbische und heterosexuelle Frauen aus der Bundesrepublik, 1999

**Flick, Uwe/von Kardorff, Ernst/ Steinke, Ines:** Qualitative Forschung- Ein Handbuch, Rowohlt Taschenbuch Verlag GmbH, Reinbek bei Hamburg, 2000

**Fremdwörterbuch**, Dudenverlag, Mannheim, 1994

**Friedrich, Franzisca:** Familienpolitikerin Bechtum: Birkmanns Begriff von Ehe und Familie ist tradiert, Presseerklärung der SPD Thüringen, Landtagsfraktion, 2002, Februar, abrufbar über: http://www.spd-thl.de/presse/2002/pr02182.html, (23.10.2002)

**Gartrell, Banks, Hamilton, Reed, Bishop and Rodas:** The National Lesbian Family Survey- 2. Interviews with Mothers of Toddlers, in: American Journal of Orthopsychiatry, 1999, Vol. 69, No. 3

**Golombok, Susan/ Spencer, Ann/ Rutter, Michael:** Children of Lesbian and Single Parent Households, in: Journal of Child Psychology, 1983, Vol. 24, S. 551- 572, Übersetzung: Redfern, Beverly/ Buschoteiner, Uschi, Deutsches Jugendinstitut, München

**Grünebaum, Gabriele:** Qualimedic AG, Samenspende- Heterologe Insemination, 2002a, Oktober, abrufbar über: http://9monate.qualimedic.de/qmDoc.php?fn= samenspende&filetime=1034337771, (23.10.2002), S. 1- 2

**Grünebaum, Gabriele:** Qualimedic AG, Künstliche Befruchtung: Wunschkinder nach Maß, 2002b, Oktober, abrufbar über: http://www.9monate.qualimedic.de/ Kuenstliche.befruchtung.html, (23.10.2002), S. 1

**Hillmann, Karl- Heinz:** Wörterbuch der Soziologie, Kröner Verlag, Stuttgart, 1994

**Informationsblatt 3:** Lesben und Kinder, in: Hessisch Lesbisch, 2001, abrufbar über: http://frankfurt.gay-web.de/hessisch-lesbisch/thema03.html, (23.10.2002)

**Kämper, Gabriele:** Familien- Aufbruch mit Zukunft? Erfinden gleichgeschlechtliche Paare die demokratische Familie? in: Regenbogenfamilien- wenn Eltern lesbisch, schwul, bi- oder transsexuell sind, Hrsg. Senatsverwaltung für Arbeit, Soziales und Frauen/ Senatsverwaltung für Schule, Jugend und Sport, Berlin, 2001, S. 39- 44

**Knappe, Julia/ Köller, Wibke/ Orlich, Max:** Homoeltern- Gute Eltern- Betrachtungen zum modernen Familienbegriff, 2002, abrufbar über: http://www.soziologie. uni-freiburg.de/degele/homoehe/hofam1.html, (04.04.2002), S. 1- 9

**Koch, Hans- Georg:** Rechtliche Regelungen zur Fortpflanzungsmedizin in europäischen Ländern, Max- Planck- Institut für ausländisches und internationales Strafrecht, Freiburg, 2001, S. 1- 8

**Kokula, Ilse:** Einmal um die ganze Welt... Ein Gesetz findet den Weg in die Berliner Amtsstuben, in: Blattgold- der monatliche Überblick für Frauen, Herausgeberin Edition Lit. Meyer& Müller GbR, Berlin, 2002, S. 11

**Kress, Fabian:** Was sollen denn die Leute denken? In: tazmag, vom 15./ 16. Juni 2002, Berlin, S. I- III

**Lähnemann, Lela:** Lesben und Schwule mit Kindern- Kinder homosexueller Eltern, Dokumente 16, Hrsg.: Von der Senatsverwaltung für Schule, Jugend und Sport, Fachbereich für gleichgeschlechtliche Lebensweisen, Berlin, 1997

**Lamnek, Siegfried:** Qualitative Sozialforschung- Band 2- Methoden und Techniken, BELTZ, Psychologie Verlags Union, Weinheim, 1993

**Lehmann, Carola:** Lesben und Kinderwunsch, Hrsg.: FFGZ Hagazussa e.V., Köln, 1999

**LSVD Rechtsratgeber:** Eingetragene Lebenspartnerschaft, Hrsg. LSVD, Berlin, 2001

**Mayring, Philipp:** Einführung in die qualitative Sozialforschung- Eine Anleitung zu qualitativem Denken, BELTZ Psychologie Verlags Union, Weinheim, 1999

Meyers Grosses Taschenlexikon in 24 Bänden, Band 6, BI- Taschenbuchverlag, 1995

**Meyer, Thomas/ Mittelstädt, Andrea:** Das Lebenspartnerschaftsgesetz, Bundesanzeiger Verlag, Köln, 2001

**Mielchen, Stefan:** Die Homo- Ehe- Dokumentation und Ratgeber, Himmelstürmer Verlag, Hamburg, 2001

**Ministerium für Justiz, Frauen, Jugend und Familie:** Information zum Begriff Familie, 2002, August, abrufbar über: http://landesregierung.schleswig-holstein.de/ coremedia/generator/Aktueller_20Besta, (23.10.2002), S. 1

**Niederberghaus, Thomas:** Sind Schwule und Lesben als Eltern so gut wie Heteros? Mindestens, in: Die Zeit, Leben 52/ 2001, Papa ist der beste Freund, 2001, Dezember, abrufbar über: http://www.zeit.de/2001/52/print_200152_ gay_and_kids.html, (23.10.2002), S. 1- 3

**Patterson, Charlotte J.:** Families of the Baby Boom: Parents' Division of Labor and Children's Adjustment, in: Developmental Psychologie 1995, Vol. 31, No.1, S. 115- 123

**Queer News:** Mehr Geld für lesbische Mütter- Gericht entscheidet über Steuerrecht, 2000, November, abrufbar über: http://www.eurogayradio.de/news/2721.html, (23.09.2002), S. 1

**Rauchfleisch, Udo:** Schwule Lesben Bisexuelle- Lebensweisen- Vorurteile Einsichten, Vandenhoeck und Ruprecht, Göttingen, 1996

**Rauchfleisch, Udo:** Dauerhafte Partnerschaften bei gleichgeschlechtlichen Paaren- Wunsch oder Realität? in: Familiendynamik, 1999, Jahrgang 24, Nr. 4, S. 395- 408

**Riewenherm, Sabine:** Die Wunschgeneration, Orlanda Frauenverlag, Berlin, 2001

**Röhrbein, Sabine:** Verpartnert und rechtlos?- Gerichte entscheiden, wo das Ergänzungsgesetz fehlt, in: Queer in Berlin- Die Regionalausgabe für die Hauptstadt und Brandenburg, 2002, August, Nr. 137, S. 2

**Sasse, Birgit:** Ganz normale Mütter- Lesbische Frauen und ihre Kinder, Fischer Taschenbuch Verlag, Frankfurt am Main, 1995

**Schimmel, Roland:** Eheschließung gleichgeschlechtlicher Paare? Berlin, 1996

**Schellhorn, Ingrid:** Lesbische Beziehungen mit Kindern- Co- Mutterschaft und kindliche Entwicklung, Diplomarbeit der Alice- Salomon- Fachhochschule für Sozialarbeit und Sozialpädagogik, Berlin, 1998 (unveröffentlicht)

**Schneider, Norbert F.:** Nichtkonventionelle Lebensformen, Entstehung, Entwicklung, Konsequenzen, Leske und Budrich, Opladen, 1998

**Schöttler, Gabriele/ Böger, Klaus:** Vorwort, in: Regenbogenfamilien- wenn Eltern lesbisch, schwul, bi- oder transsexuell sind, Hrsg.: Senatsverwaltung für Arbeit, Soziales und Frauen/ Senatsverwaltung für Schule, Jugend und Sport, Berlin, 2001, S. 6

**Siegfried, Dirk:** Rechtliche Situation lesbischer und schwuler Familien, in: Familienbuch des LSVD, Berlin, 2002, S. 79- 90

**Sielert, Uwe:** Wenn Kinder von Schwulen erzogen werden- Über Zwei- Väter und Zwei- Mütter- Familien, in: Frankfurter Rundschau Online, 2000, abrufbar über: http://www.vaeter-aktuell.de/presse2000/Homoehe000706a.htm, (24.10.2002), S. 1- 9

**Sohre, Kathrin:** Eine ungewöhnliche Familie; in: Pro Familia Magazin; 1998, Jahrgang 26, Nr. 2, S. 8- 9

**Starke, Kurt:** Familienplanung von Lesben, in: Pro Familia Magazin; 1998, Jahrgang. 26, Nr. 2, S. 10- 12

**Steinbach, Ute:** Nichteheliche Lebensgemeinschaft- eingetragene Lebenspartnerschaft, 2002, abrufbar über: http://www.steinbach-braunfels.de/LPartG-
neLG.htm, (10.08.02), S. 1- 4

**Steinmeister, Ingrid:** „Eingetragene gleichgeschlechtliche Lebensgemeinschaften"- Eine Hülle ohne Recht, in: Zeitschrift für Rechtspolitik, 1996, Nr.
6, S. 214- 219

**Streib, Uli:** Die schwangere Lesbe: So glühend heiß wie Schnee- Analyse eines
Oxymorons, in: Streib, Uli (Hrsg.): Von nun an nannten sie sich Mütter- Lesben und Kinder, Orlanda Frauenverlag, Berlin, S. 19- 30

**Streib, Uli:** Das Lesbisch- Schwule Babybuch- Ein Ratgeber zu Kinderwunsch
und Elternschaft , Quer Verlag, Berlin, 1996

**Thiel, Angelika:** Kinder? Na Klar!– Ein Ratgeber für Lesben und Schwule, Campus Verlag, Frankfurt/ Main, New York, 1996

**Witzel, Andreas:** Verfahren der qualitativen Sozialforschung- Überblick und Alternativen; Campus Verlag, Frankfurt/ Main, New York, 1982

**von Zglinicki, Claudia:** Kampf der Co- Mütter, S. 25- 31; Unterschiedlicher als
diese beiden- das geht kaum, S. 49- 53; Wenn man lesbisch ist, kann man
keine Kinder haben, S. 75- 78; Wer ist eigentlich die andere Frau? S. 91-
96; in: Familienbuch, Hrsg.: Lesben und Schwulenverband Deutschland,
Berlin, 2002

www.ingramcontent.com/pod-product-compliance
Lightning Source LLC
Chambersburg PA
CBHW022321280326
41932CB00010B/1183